U0905239

2018年大连外国语大学科研基金项目成果（2018XJQN05）
2018年大连外国语大学科研创新团队成果（2018CXTD03）

管理层任期异质性对股价崩盘风险的影响研究

艾永芳◎著

STUDY ON THE IMPACT OF MANAGEMENT TENURE HETEROGENEITY ON STOCK PRICE CRASH RISK

中国经济出版社
CHINA ECONOMIC PUBLISHING HOUSE
北 京

图书在版编目（CIP）数据

管理层任期异质性对股价崩盘风险的影响研究 / 艾永芳著.
—北京：中国经济出版社，2019. 2
ISBN 978-7-5136-5296-4

Ⅰ. ①管… Ⅱ. ①艾… Ⅲ. ①上市公司—企业管理—影响—股票价格—研究—中国
Ⅳ. ①F832. 51

中国版本图书馆 CIP 数据核字（2018）第 175256 号

责任编辑　张利影
责任印制　巢新强
封面设计　华子图文

出版发行　中国经济出版社
印 刷 者　北京艾普海德印刷有限公司
经 销 者　各地新华书店
开　　本　710mm×1000mm　1/16
印　　张　13. 25
字　　数　170 千字
版　　次　2019 年 2 月第 1 版
印　　次　2019 年 2 月第 1 次
定　　价　52. 00 元
广告经营许可证　京西工商广字第 8179 号

中国经济出版社 **网址** www. economyph. com **社址** 北京市西城区百万庄北街 3 号 **邮编** 100037

本版图书如存在印装质量问题，请与本社发行中心联系调换（联系电话：010-68330607）

序　言

攻读博士学位之前，我曾从事银行理财方面的工作，亲历了2014年下半年到2015年上半年期间我国股票市场的牛市以及随之而来的股灾。股灾给投资者造成的财富损失堪比海啸，给投资者心理造成的创伤犹如刀割。与此同时，股灾的频频发生，严重制约着我国股票市场的健康发展，从而增加了企业在股票市场融资的难度，大大限制了企业融资渠道的多样性。鉴于股灾对投资者、企业及资本市场均有极其恶劣的影响，对股灾成因的研究也成为永不过时的主题。

为了促进我国资本市场健康发展，我国政府从未停止过努力。然而，往往是解决既有问题的同时，又有新问题出现。例如，借鉴发达国家资本市场的做法，我国在2010年开始试行融资融券制度，并在2014年末全面推行该业务。然而，融资融券制度似乎在我国有些水土不服，不仅没有熨平股市波动，其与生俱来的杠杆交易反而加剧了股灾的形成。

我国以前试图解决问题的各种政策与制度（无论是借鉴发达国家的经验，还是以文献资料为依据），均是以整个股票市场为施政对象的，解决问题的手段更注重交易制度的安排，例如，涨跌停板制度、T+1交易制度以及融资融券交易制度等。当施政对象锁定为整个市场时，往往就会忽略各股之间的异质性，而这在一定程度上会降低政策和制度的作用效果。

实际上，一直以来，国内外学术界和实务界在研究股价崩盘风险时，均忽略了每家上市公司的异质性，尤其是信息透明度方面的异质性。直到2006年经济学家李·金（Li Jin）与斯图尔特·迈尔斯（Stewart C. Myers）

开创性地以单个股票的特定股价崩盘风险为研究对象，并得出全新结论后，股票之间的异质性对股价崩盘风险的影响才受到学术界和实务界的广泛关注。

关于个股股价崩盘风险成因的理论包括两种解释范式，即由李·金（Li Jin）与斯图尔特·迈尔斯（Stewart C. Myers）提出的基于管理者理性的代理范式和由金正本教授等人提出的基于管理者非理性的过度自信范式。前者认为，基于管理层与股东之间的代理冲突所导致的信息窖藏是造成股价崩盘风险的根本原因。后者认为，即便管理者的经营决策是以实现股东利益最大化为目标，其过度自信偏差也可能导致股价崩盘风险。由于前者比后者早提出了 10 年，因此受认可度比较高。但本书认为，这两种理论具有互补关系，只有将二者结合到一起才能很好地解释个股特定股价崩盘风险。

基于上述两种理论，本书认为，只要是可以抑制企业管理者代理和过度自信的因素都有可能抑制个股特定股价崩盘风险。这是本书的核心理论基础，本书所研究的股价崩盘风险也是剔除系统性风险后个股的特有股价崩盘风险。

本书以企业管理层任期异质性为研究视角，来考察股价崩盘风险的成因。写作灵感源于大量研究管理层任期异质性对管理团队成员之间人际关系影响的文献。通过梳理相关文献发现，管理层任期异质性会导致管理团队成员之间缺乏社会认同感，从而不利于彼此之间的交流和信任感的产生。受此启发，我猜想，管理层任期异质性所导致的团队成员的不信任和交流障碍应该可以避免管理层内部的合谋，从而抑制管理者的代理行为和过度自信行为，进而可以缓解企业股价崩盘风险。本书的实证结果也证明了这一猜想。

本书研究的意义体现在理论和现实两个方面。一方面，从理论的角度来说，不仅丰富了股价崩盘风险成因的研究领域，也拓展了企业管理层背景特征相关领域的研究；另一方面，从现实的角度讲，本书选题也具有重要意义，可为投资者判断股价风险、企业管理层人事安排以及监管部门监管提供理论依据。

虽然在整个研究过程中，我一直本着精益求精的原则，也得到了众多专家的严格把关，但本书的观点仍可能存在一定的局限性。笔者始终认为，没有“放之四海而皆准”的真理，教条主义造成的不良后果已经被无数次地印在了历史书上。我不求本书的观点被读者全盘接受，只要读者能有一点点的启发，我便知足了。

攻读博士学位的过程充满了酸甜苦辣，对任何认真完成的人都是一个脱胎换骨的过程。谨以此书献给那些为梦想不断努力的人们。

艾永芳

2018 年深秋于大外

前　言

股价崩盘所造成的经济后果十分恶劣，它不仅会损害投资者的利益，而且不利于资本市场的健康发展。因此，什么因素会加剧股价崩盘风险以及如何降低股价崩盘风险，成为理论界和实务界迫切需要解决的热点问题。关于股价崩盘风险的成因，学术界存在两种不同的观点，第一种以整个股票市场为研究对象，第二种以单个股票为研究对象。

以整个股票市场为研究对象的观点强调交易机制对股价崩盘的影响，代表性理论由 Hong 和 Stein（2003）提出。他们认为，对于股票的价格，投资者们并不会产生同质性预期，而是彼此间存在异质观念，有的乐观，有的悲观。同时，卖空限制的存在，将悲观投资者排除在市场之外，使股票价格不能反映悲观投资者的情绪，只能片面地反映乐观者的情绪。随着股价的不断上涨，悲观情绪会不断累积，当市场受到利空冲击后，悲观情绪会突然释放，导致股价崩盘。因此，Hong 和 Stein（2003）认为，卖空交易可以从根本上解决股价崩盘问题。

然而，2015 年，发生在我国的股灾却证明，卖空机制并不能有效解决股价崩盘问题。实际上，由信息不对称导致的投资者极度乐观和极度悲观的情绪才是股价发生极端变化的根本原因，提高企业信息透明度才是缓解股价崩盘风险的根本所在。本着这一思想，国内学者开始将研究重心从整个股票市场转移到单个股票。

以单个股票为研究对象的股价崩盘风险理论认为，导致股价崩盘风险增加主要是由代理冲突和过度自信导致的管理者信息管理行为所致。进一步讲，股价崩盘风险本质上是低效率公司治理所导致的一种极其恶劣的经济后果。因此，提升企业公司治理水平是缓解股价崩盘风险的根本途径。

所谓企业管理层任期异质性，就是企业管理层成员任职期限的差异。相关文献认为，管理层任期异质性会影响管理层的行为。例如，会阻碍管理层之间的沟通，降低团队成员之间的交流频率，不利于提高团队凝聚力，会造成团队成员之间的不信任和价值观差异（Ancona 和 Caldwell，1992；Jackson 等，1991；O'Reilly 等，1993；Katz，1982）。

从一定程度上讲，管理层任期异质性所导致的团队成员之间的交流障碍和不信任不利于团队成员之间合谋，从而在一定程度上缓解了管理层对股东的利益损害。从这个角度讲，企业管理层任期异质性应该具有正面的公司治理效应，但却没有受到足够重视。

综上所述，良好的公司治理环境是缓解股价崩盘风险的根本所在，同时管理层任期异质性又可能具有正面的公司治理效应，因此，本书试图以管理层任期异质性为研究视角，考察股价崩盘风险的成因，以拓展学术界对股价崩盘风险成因的认识。

本研究具有重要的理论意义和现实意义。从理论的角度讲，第一，以往关于股价崩盘风险成因的文献，更重视正式公司治理制度的作用，对非制度因素关注不足，而本书考察管理层任期异质性这一非制度因素对企业股价崩盘风险的影响，丰富了股价崩盘风险成因的研究领域。第二，虽然已经有文献将管理层背景特征引入股价崩盘风险的研究中，但对成员之间在管理层背景特征方面的差异却关注不足。本书重点考察管理层任期异质性通过影响管理层成员之间的关系和行为而对公司治理产生的作用，从而影响股价崩盘风险，丰富了企业管理层背景特征相关领域的研究。第三，本书关注企业管理层任期异质性在公司治理方面的正面作用，有利于学术界和实务界对管理层任期异质性在企业经营中所发挥作用的认识。

本书的现实意义在于，首先，从外部投资者的角度讲，身为股价崩盘的最直接受害者，他们必然需要构建一套指标体系来评价企业股价发生崩盘风险的可能性，而本书研究则为其判断股价风险提供了一定的理论依据。其次，从企业人事安排的角度讲，本书从管理层背景特征角度对企业管理层人事安排提供了理论依据。最后，从外部监管机构的角度讲，本书从管理层任期异质性这一非制度因素角度出发，探讨其公司治理效应，在一定程度上为外部监管机构的监管工作提供了必要的佐证。

在研究方法上，本书综合使用了规范研究方法和实证研究方法。以股价崩盘风险理论、社会认同理论、CEO 权力理论、大股东持股理论以及产权性质理论等为理论基础，构建了理论框架。同时，本书综合运用了相关性分析、单变量分析、面板数据回归分析、分组回归分析、工具变量法内生性检验以及中介效应检验等计量经济学工具，并以我国 A 股上市公司为研究样本，通过构建 CEO 与 CFO（总经理与财务总监）任期交错以及董事长与 CEO 任期交错等 2 个指标作为企业管理层任期异质性的代理变量，并构建股价崩盘风险指标，考察了管理层任期异质性对股价崩盘风险的影响。

本书的具体研究内容及结论如下：

首先，本书考察了管理层任期异质性对股价崩盘的影响。在研究过程中，以我国 2001—2016 年 A 股上市公司为样本，分别以 CEO 与 CFO 任期交错以及董事长与 CEO 任期交错作为管理层任期异质性的代理变量，并分别研究了二者与股价崩盘风险之间的关系。研究发现，无论是 CEO 与 CFO 任期交错还是董事长与 CEO 任期交错均能有效抑制股价崩盘风险。这表明，管理层任期异质性确实对股价崩盘风险有抑制作用。

其次，本书利用中介效应检验法检验了管理层任期异质性影响股价崩盘风险的内在机制。研究发现，第一，管理层任期异质性对管理者代理行为和过度自信行为都有抑制作用；第二，无论是管理者代理还是过度自信均会加剧企业股价崩盘风险。上述两个发现表明，管理者代理以及过度自信都是管理层任期异质性影响股价崩盘风险的中介变量，即管理层任期异质性可以通过缓解管理者代理和过度自信来抑制股价崩盘风险。

最后，本书对管理层任期异质性对股价崩盘风险发挥抑制作用所需的条件进行了理论分析和实证检验。本书分别从企业产权性质、CEO 权力以及大股东持股等 3 个角度进行了分析。研究发现，对于 CEO 与 CFO 任期交错而言，其对股价崩盘风险的抑制作用，在国有企业中显著，但在民营企业中却不显著；当 CEO 权力较小时显著，但当 CEO 权力大时不显著。同时，对于董事长与 CEO 任期交错而言，在国有企业中，其可显著抑制股价崩盘风险，但在民营企业中该作用不显著；当大股东持股比例较低时，对股价崩盘的抑制作用显著，但当大股东持股比例较高时，该作用不显著。上述研究结论表明，管理层任期异质性对股价崩盘风险的抑制作用的发挥具有情境效应。

本书的主要创新体现在以下三点：

第一，研究视角创新。本书在考察股价崩盘风险成因的过程中，选择了企业管理层任期异质性这一全新视角，不仅丰富了股价崩盘风险成因方面的研究领域，也拓展了管理层任期异质性的研究范围。

第二，影响机制创新。十几年来，国内外学术界在探讨股价崩盘风险的成因时，均从企业代理问题的角度出发，考察各种不同因素对股价崩盘风险的影响。然而，基于管理者过度自信的股价崩盘风险成因理论由于提出较晚，几乎未被关注。实际上，无论是管理者代理还是过度自信，均是导致股价崩盘风险的重要诱因，因此，在探讨股价崩盘风险的成因时，应同时考虑这两种解释范式的作用才能全面地反映影响机制。鉴于此，本书分别从管理者代理角度和过度自信角度考察了管理层任期异质性抑制股价崩盘风险的内在机制，一方面，进一步证实了 Kim 等（2016）研究的正确性；另一方面，也丰富了股价崩盘风险成因的研究领域。

第三，研究观点创新。现有针对企业管理层任期异质性的研究，大多只关注其在企业管理方面的负面作用，但其在公司治理方面的正面作用却一直被学术界忽略。本书通过考察企业管理层任期异质性与股价崩盘风险之间的关系，在一定程度上体现了管理层任期异质性具有正面公司治理效应这一现象。这无疑完善了企业管理层任期异质性相关领域的研究，使理论界和实务界能够更全面地认识和利用管理层任期异质性在企业经营管理中的作用。

目　录

图表目录

1 绪 论

1.1 研究背景及问题提出

股价崩盘所造成的经济后果十分恶劣，它不仅会损害投资者的利益，而且不利于资本市场的健康发展。因此，什么因素会加剧股价崩盘风险以及如何降低股价崩盘风险成为理论界和实务界迫切需要解决的热点问题。

2015 年，发生在我国 A 股市场上的股灾证明了卖空机制（融资融券交易）的引入不但没有抑制股价崩盘风险，反而加剧了股价崩盘风险。这一事实使学术界和实务界清醒地意识到交易机制并非是解决股票价格发生极端变化的根本途径。实际上，投资者因信息缺失而导致的过度乐观和过度悲观情绪才是导致股价崩盘的根本原因，只有提高企业信息透明度，降低信息不对称程度才是缓解股价崩盘的根本方法。在这种思想的推动下，国内学者开始关注单个股票的股价崩盘风险问题。

以单个股票为研究对象的股价崩盘风险理论由 Jin 和 Myers（2006）、Bleck 和 Liu（2007）以及 Hutton 等（2009）提出，他们认为，基于管理层与股东之间的代理冲突所导致的信息窖藏是造成股价崩盘风险的重要原因。公司管理者出于薪酬契约、职业生涯以及商业帝国构建等私人利益考虑，有动机隐瞒坏消息，当坏消息积累到一定程度之后，公司高管将没有动机或能力继续隐瞒坏消息，此时坏消息被集中公开，导致股价大跌，这就是股价崩盘。此外，Kim 等（2016）的研究认为，除了代理理论可以解释股价崩盘风险的成因，CEO 过度自信也是导致股价崩盘风险的重要原因。他们认为过度自信的高管会高估自己的管理能力和项目收益，并低估项目的风险，因此经常会投资净现值为负的项目。为了使项目正常运行，在项目存续期内，管理者也会故意隐瞒坏消息，当坏消息积累到一定程度无法隐瞒而被集中释放时，便会导致股价崩盘。

从股价崩盘的生成机理看，股价崩盘风险增加的主要原因是由代理冲突和过度自信导致的管理者信息管理行为所致。更进一步讲，股价崩盘风险本质上是低效率公司治理所导致的一种极其恶劣的经济后果。因此，提升公司治理水平是解决股价崩盘风险问题的根本途径。

所谓管理层任期异质性，就是管理层成员任职期限的差异（例如，在一家企业中，如果董事长的任期是 10 年，而 CEO 的任期是 5 年，则认为董事长与 CEO 之间存在任期异质性，并且异质性程度为 5 年）。相关文献认为，管理层任期异质性会影响管理层的行为。例如，Zenger 和 Lawrence（1989）利用美国科技公司数据研究了高管任期异质性对高管行为的影响，发现管理层任期异质性会阻碍管理层之间的沟通。Ancona 和 Caldwell（1992）的研究发现管理层任期异质性会降低团队成员之间的交流频率。Jackson 等（1991）的研究发现，管理层任期异质性不利于提高团队凝聚力，甚至加剧了团队成员的离职率。O’Reilly 等（1993）的研究也表明管理层任期异质性不利于团队成员之间凝聚力的提升。Katz（1982）认为，管理层任期异质性会造成团队成员之间的不信任和价值观差异。

现有针对管理层任期异质性对企业经营管理的影响，主要关注其在企业管理方面的作用。相关研究认为，管理层任期异质性会造成管理层之间的沟通障碍和交流频率下降，因此，不利于团队成员之间精诚协作，从而抑制了企业创新行为、适应性变革和业绩提升（O’Reilly 和 Sylvia，1989；Smith 等，1994；Carpenter，2002）。

然而，现有关于企业管理层任期异质性的研究却较少关注其在公司治理方面的作用（姜付秀等，2013）。既然管理层任期异质性会导致团队成员之间的交流障碍和不信任，那么也不利于团队成员之间合谋，从而在一定程度上缓解了管理层对股东的利益损害。从这个角度讲，企业管理层任期异质性应该具有正面的公司治理效应，但却没有受到足够的重视。

综上所述，一方面，低效率的公司治理机制是导致股价崩盘风险的根本原因；另一方面，管理层任期异质性可能存在正面的公司治理效应。因此，我们认为企业管理层任期异质性可以通过提升企业公司治理效率，从而缓解股价崩盘风险。本书要解决的问题有以下三个方面：

第一，企业管理层任期异质性能否抑制股价崩盘风险？

第二，企业管理层任期异质性通过何种途径来缓解股价崩盘风险，是通过抑制企业代理问题，还是抑制管理者过度自信，抑或是可以通过同时抑制企业代理问题和管理者过度自信来抑制股价崩盘风险？

第三，何种因素会影响企业管理层任期异质性在抑制股价崩盘风险这方面的公司治理效应的发挥？

1.2 研究意义

本书以企业管理层任期异质性为研究视角，考察股价崩盘风险的成因，具有重要的理论意义和现实意义。

1.2.1 理论意义

第一，现有关于股价崩盘风险成因的研究，更多关注正式制度的影响作用，如大股东持股比例、独立董事制度、股权性质等（王化成等，2015；吴德军，2015；梁权熙和曾海舰，2016），但对非正式制度的关注有所欠缺。本书考察管理层任期异质性这一非制度因素对股价崩盘风险的影响，扩展了股价崩盘风险成因的研究领域。

第二，现有关于企业管理层背景特征与股价崩盘风险之间关系的研究，更多关注的是管理层在背景特征方面的平均水平的影响（李小荣和刘行，2012），却很少关注管理层背景特征方面的差异的作用。本书重点考察管理层任期异质性通过影响管理层成员之间的关系和行为所产生的正面公司治理作用对股价崩盘风险的影响，丰富了企业管理层背景特征相关领域的研究。

第三，现有针对企业管理层任期异质性的研究，主要关注其在企业管理方面的负面影响，但对其在公司治理方面的正面作用关注不足。本书则通过考察管理层任期异质性对股价崩盘风险的抑制作用，重点关注企业管理层任期异质性在公司治理方面的正面作用，填补了管理层任期异质性在公司治理方面研究领域的空白，有利于学术界和实务界对管理层任期异质性在企业经营中所发挥作用的认识。

第四，在研究过程中，本书分别考察了企业产权性质、CEO 权力以及大股东持股等三个因素对管理层任期异质性与股价崩盘风险之间关系的影响。这在一定程度上丰富了上述三个研究领域。

1.2.2 现实意义

首先，从外部投资者的角度讲，身为股价崩盘的最直接受害者，他们必然需要构建一套指标体系来评价企业股价发生崩盘风险的可能性，而本书的研究则为其判断股价风险提供了一定的理论依据。

其次，从企业人事安排的角度讲，本书从管理层背景特征角度为企业管理层人事安排提供了理论依据。在当前国内外公司治理实务中，企业对公司治理制度的构建给予了重点关注，如对董事会制度、独立董事制度以及高管持股计划等正式制度的构建，但对如何有效执行这些正式制度却缺乏关注。实际上，一切公司治理制度的最终执行者都是人，如何对人员进行有效安排是提升公司治理制度执行效率的关键。本书研究管理层任期异质性的公司治理效应，无疑为如何合理安排人事，从而提升公司治理制度执行效率提供了一定的理论参考。

最后，从外部监管机构的角度讲，本书从管理层任期异质性这一非制度因素角度出发，探讨其公司治理效应，在一定程度上为外部监管机构的监管工作提供了必要的佐证。

1.3 研究内容

本书以企业管理层任期异质性为研究视角，考察股价崩盘风险的成因，并分别从管理者代理和管理者过度自信角度检验了管理层任期异质性对公司治理的影响路径，同时，还分别探讨了 CEO 权力、大股东持股以及产权性质对上述关系的调节作用。

本书一共分为 7 章，各章主要内容如下：

第一章，绪论。主要介绍了本书的研究背景、研究意义、研究内容、研究方法及技术路线，并提出了本书的创新点。

第二章，文献回顾。主要梳理了与股价崩盘风险和管理层任期异质性相关的主要理论文献和实证文献，并对相关文献进行了评述。对于股价崩盘风险而言，分别介绍了关于股价崩盘风险成因的相关理论及实证文献，并分别对不同理论进行了评述。对于管理层任期异质性而言，我们按照时间顺序，介绍了与之相关的重要理论以及典型文献，并对相关理论进行了评述。具体地，首先，介绍了高层梯队理论及与之相关的实证文献，并对该理论进行了评述。其次，梳理了与管理层背景特征异质性对企业经营结果的影响的文献，分别从正、反两个方面对与之相关的理论和实证文献进行了梳理，并给予了评价。

第三章，理论基础。首先，分别介绍了与本书研究相关的五个重要理论，即社会认同理论、基于个股的股价崩盘风险理论、CEO 权力理论、大股东持股理论以及企业产权性质理论。其次，在上述五种理论的基础之上，构建了本书的理论框架。

第四章，管理层任期异质性对股价崩盘风险的影响。本章分别以 CEO 与 CFO 任期交错以及董事长与 CEO 任期交错为管理层任期异质性的代理变量，研究了二者对股价崩盘风险的影响。研究发现，无论是 CEO 与 CFO 任期交错还是董事长与 CEO 任期交错都会抑制股价崩盘风险。

第五章，管理层任期异质性对股价崩盘风险产生影响的内在机制。首先，分别检验了 CEO 与 CFO 任期交错以及董事长与 CEO 任期交错对管理者代理和过度自信的影响。研究发现，无论是 CEO 与 CFO 任期交错还是董事长与 CEO 任期交错均可同时缓解管理者代理与过度自信问题。其次，分别检验了管理者代理与过度自信对股价崩盘风险的影响。研究发现，二者均可抑制股价崩盘风险。再次，本章从管理者代理和管理者过度自信两个角度，利用中介效应分析法检验了 CEO 与 CFO 任期交错以及董事长与 CEO 任期交错对股价崩盘风险影响的内在机制，发现管理者任期异质性可以通过缓解管理者代理与过度自信来抑制股价崩盘风险。

第六章，管理层任期异质性的适用环境分析。本章分别考察了企业产权性质、CEO 权力以及大股东持股对管理层任期异质性与股价崩盘风险之间关系的影响。研究发现，CEO 与 CFO 任期交错对股价崩盘风险的抑制作用，在国有企业和 CEO 权力较小的企业中显著，而在民营企业和 CEO 权力较大的企业不显著。同时，董事长与 CEO 任期交错对股价崩盘风险的抑制作用，同样在国有企业中显著，在民营企业中不显著；该作用当大股东持股比例较低时显著，反之不显著。

第七章，主要结论及政策建议。本章对本书提出的理论假设和得到的实证结论进行了归纳总结，并在此基础上提出了相关的政策建议。

1.4 技术路线及研究方法

1.4.1 技术路线

图 1-1 为本书的技术路线图，该图呈现了本书的研究思路，具体解释如下：

本书提出了需要解决的三个重要问题，即管理层任期异质性能否抑制股价崩盘风险；管理层任期异质性通过何种途径影响股价崩盘风险；在何种环境下，管理层任期异质性可以抑制股价崩盘风险。为了解决上述问题，本书的技术路线安排如图 1-1 所示。

图 1-1 分为三个部分，分别对应着要解决的问题及用到的实证方法。首先，第一部分要解决的是管理层任期异质性能否抑制股价崩盘风险的问题，该问题也是本书的核心假说。本部分我们分别用 CEO 与 CFO 任期交错以及董事长与 CEO 任期交错作为管理层任期异质性的代理变量，并分别检验二者与股价崩盘风险的关系。在此过程中，我们综合运用了相关性分析法、单变量分析法以及面板数据回归法来检验上述相关关系，并利用工具变量法进行内生性检验。

其次，第二部分主要考察管理层任期异质性影响股价崩盘风险的内在机制。本书认为，管理层任期异质性可以分别通过影响管理者代理问题和过度自信问题来抑制股价崩盘风险。此处我们利用中介效应法对上述机制进行了检验。

最后，第三部分识别了管理层任期异质性对股价崩盘风险发挥抑制作用所需的环境。本部分主要考察了企业产权性质、CEO 权力以及大股东持股对管理层任期异质性与股价崩盘风险之间关系的影响。主要采用分组回归的方法来实现。

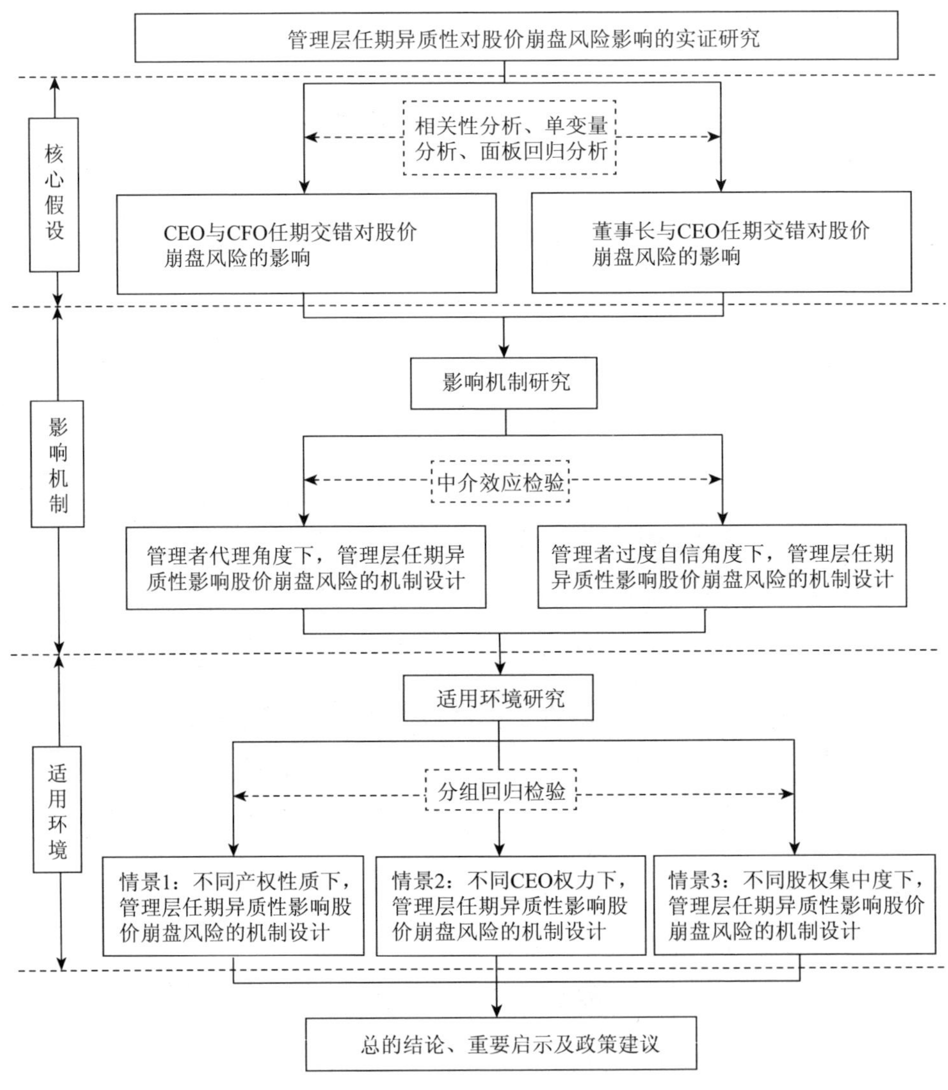

图 1-1　技术路线图

1.4.2 研究方法

本书以企业管理层任期异质性为研究视角，综合使用了规范研究方法和实证研究方法，对股价崩盘风险的成因进行了理论和实证检验。

第一，规范研究方法。所谓规范研究方法，就是利用哲学的分析方法，基于一些抽象的概念和一般的原理，借助逻辑推演得出结论。例如，在研究企业管理层任期异质性对股价崩盘风险的影响时，首先，综合利用社会认同理论以及股价崩盘风险理论的观点推演出前者对后者影响的内在机制；其次，分别以产权性质理论、CEO 权力理论以及大股东持股理论为理论基础，分析管理层任期异质性对股价崩盘风险发挥抑制作用所需的环境条件。

第二，实证研究方法。本书以我国 A 股上市公司为研究样本，通过构建 CEO 与 CFO 任期交错以及董事长与 CEO 任期交错两个指标作为企业管理层任期异质性的代理变量，并构建股价崩盘风险指标，考察了管理层任期异质性对股价崩盘风险的影响。在研究过程中，本书综合运用了相关性分析、单变量分析、面板数据回归分析、分组回归分析、工具变量法内生性检验以及中介效应检验等计量方法，以确保本书实证研究的准确性。

1.5 本书主要创新点

第一，研究视角创新。本书以管理层任期异质性为研究视角，考察了股价崩盘风险的成因，不仅丰富了股价崩盘风险成因方面的研究领域，也拓展了管理层任期异质性的研究范围。

第二，研究机制创新。自 Jin 和 Myers（2006）提出基于代理问题的股价崩盘风险成因理论后，国内外学术界从企业代理问题的不同角度考察了股价崩盘风险的成因，极大地丰富了该领域的研究。然而 Kim 等（2016）基于管理者过度自信的股价崩盘风险成因理论提出较晚，几乎未被关注。本书则分别从管理者代理角度和过度自信角度考察了管理层任期异质性抑制股价崩盘风险的内在机制，一方面，进一步证实了 Kim 等人（2016）研究的正确性；另一方面，也丰富了股价崩盘风险成因的研究领域。

第三，研究观点创新。企业管理层任期异质性对企业经营结果的影响本应是双向的，但是现有相关研究大多只关注其在企业管理方面的负面作用。实际上，企业管理层任期异质性观点所导致的管理层成员之间的交流障碍和不信任在一定程度上具有正面的公司治理效应。然而，现有文献却没有给予必要关注，而本书恰恰研究了二者之间的关系，这无疑完善了企业管理层任期异质性相关领域的研究，有利于理论界和实务界更全面地认识和发挥管理层任期异质性的作用。

2 文献回顾

2.1 股价崩盘风险成因研究评述

2.1.1 股价崩盘的定义

关于股价崩盘的定义，学术界有两种说法：一种是基于市场层面的股市暴跌风险，另一种是基于个股层面的特定崩盘风险。

基于市场层面的股市暴跌被定义为，在无任何预兆的情况下，股票指数在短时间内大幅度下跌。现有相关研究发现这种类型的股价崩盘存在三方面特征：①股票价格在没有任何坏消息的情况下，出现巨幅下跌（French 和 Roll，1986；Cutler 等，1988）；②股票价格变动具有非对称性，即通常股价暴跌幅度要大于暴涨幅度；③股价崩盘具有传染性，少数个股的暴跌会引发整个市场的暴跌，而且可以在不同市场之间传染（Hong and Stein，2003；Yuan，2005）。

关注个股股价崩盘风险的学者认为，管理层与股东之间的代理冲突是造成股价崩盘风险的重要原因（Jin 和 Myers，2006；Bleck 和 liu，2007；Hutton 等，2009）。他们认为，公司管理者出于薪酬契约、职业生涯以及商业帝国构建等私人利益考虑，有动机隐瞒坏消息，当坏消息积累到一定程度之后，公司高管将没有动机或能力去隐瞒坏消息，此时坏消息被集中公开，导致股价大跌，这就是股价崩盘。

2.1.2 基于市场层面的股价崩盘风险

针对市场层面股价崩盘风险成因的研究，始于20世纪七八十年代，学者们提出了若干理论模型试图解释前文所述的股价崩盘所表现出来的特征。这些理论模型本质上分为两大类，一类是以理性预期均衡模型为理论基础，另一类是以打破理性人假设的行为金融学为基础。理性预期均衡模型又按市场信息是否完备分为完全信息理性预期均衡模型和不完全信息理性预期均衡模型。在此基础上又进一步衍生出多种不同的理论模型，我们将一一加以梳理和评述。

2.1.2.1 理性预期均衡模型

（1）完全信息理性预期均衡模型

在完全信息理性预期均衡模型中，比较有代表性的是杠杆效应假说和波动率反馈假说，二者都试图解释股价波动非对称性这一特征。

Black（1986）和Christie（1982）都支持杠杆效应假说，他们认为，股价的下跌会导致企业财务杠杆的上升，从而加剧了企业财务风险，进一步增加了股价波动率，最终导致股价暴跌。虽然该假说有一定的理论说服力，但很快遭到部分学者的诟病。Schwert（1989）认为，杠杆效应假说不具备实际操作性，例如，对于高频数据而言，股价的下跌很难在短时间内通过影响企业财务杠杆而加剧股价波动率进而导致股价崩盘。Bekaert和Wu（2000）也支持Schwert（1989）的说法。

因此，波动率反馈假说应运而生，该假说的支持者认为，波动率的增加会提升股票的风险溢价，在预期现金流不变的情况下，这会导致股价崩盘（Pindyck，1984；French等，1987）。具体地，当市场受到新消息的冲击时，市场波动率会上升，这会导致风险溢价的上升，因此，如果是好消息，风险溢价的增加就会部分地抵消好消息带来的股价上涨；相反，如果是坏消息，其所导致的股价下跌与较高的风险溢价相互叠加则会使股价暴跌。这便解释了为何市场收益率总表现为负偏，以及发生暴跌的频率高于暴涨频率的原因。然而，波动率反馈模型同样有其局限性，虽然其成功解释了市场收益率的非对称性特征，但却无法解释股市暴跌的无信息支撑和传染性特征（陈国进等，2008）。

完全信息理性预期均衡模型的一个重要缺陷是该模型假设市场上的信息是完备的，每个交易者都通过相同的信息进行投资决策，显然这种假设是不切实际的。因此，学者们尝试打破完备信息的假设，构建了不完全信息理性预期均衡模型来解释股价崩盘风险。

（2）不完全信息理性预期均衡模型

学者们在利用不完全信息理性预期均衡模型研究股价崩盘的过程中，形成了两种假说，即知情交易者隐藏信息集中释放假说和非知情交易者推动假说。

知情交易者隐藏信息集中释放假说。Romer（1993）首先提出导致股价崩盘的原因是隐藏信息集中释放所致。他认为，市场中的交易者并不能完全知悉其他交易者所掌握信息的质量的优劣，一方面，有信息优势的交易者往往会低估自身所掌握信息的质量，过分看重市场价格；另一方面，在信息上有劣势的交易者也有可能过分相信自己所掌握的信息，如此，股票价格便不能及时并准确地反映私人信息，一些私人信息被隐藏并积累起来。随着交易的不断进行，交易者所掌握的私人信息的质量得以被验证，一旦被隐藏的是负面信息，便会导致股价崩盘。

Lee（1998）则利用序贯交易模型解释了因信息隐藏所导致的股价崩盘。他认为，对于知情交易者而言，其每一笔交易都可以视为一种信息的传递，会导致非知情交易者的跟风交易。如果知情交易者收到坏消息便卖出一定数量的股票，非知情交易者的跟风行为会导致价差增加，这无形中增加了知情交易者的交易成本，因此，知情交易者通常会隐瞒坏消息。随着交易的不断进行，坏消息被不断积累，当坏消息被积累到一定程度时，即使市场受到一个小事件的冲击，被积累起来的隐藏信息也会被集中释放，导致股价崩盘。

Cao 等（2002）研究了由交易成本导致的信息隐藏所引发的股价剧烈波动。他们发现，市场上总有一些知情交易者因为交易成本而被阻挡在市场之外，形成“观望者”。这导致一些私人信息无法被市场价格及时反映，造成信息隐藏。随着交易的进行，这些“观望者”逐渐证实其私人信息的准确性，便参与到市场中去，如此，即使是一些较小的信息冲击，也可能导致被积累起来的隐藏信息被集中释放，导致股价暴涨或暴跌。

非知情交易者推动假说。Gennotte 和 Leland（1990）通过构建模型试图解释为什么在没有重大利空的情况下会发生股价崩盘。他们假设市场中存在非知情交易者、掌握完备信息的知情交易者以及掌握部分供给信息的部分知情交易者。知情交易者根据所掌握的私人信息进行交易，另外两种交易者则根据市场价格来判断知情交易者所掌握的信息，从而做出交易决策。交易过程中，诸如止损或投资组合保险策略等对冲策略的执行会导致一定程度的供给冲击。然而，非知情交易者并不能分辨这些供给冲击是因为交易策略还是真有重大利空所致，因此，市场流动性减少，导致股价崩盘。

Yuan（2005）以及 Marin 和 Oliver（2008）所构建的模型则更加具体。Yuan（2005）分析了贷款约束情况下，非知情交易者如何推动股价崩盘。他认为，在无信贷约束的情况下，知情交易者可以随时将所知悉的信息反映在交易价格上，不会出现信息隐藏。然而，当存在贷款约束时，知情交易者可能会因为资金不足不得不抛售一部分股票，造成价格波动，而这种波动并不能反映知情交易者所知悉的全部信息。在这种情况下，如果出现供给冲击，非知情交易者并不知晓供给冲击是来自于真正的坏消息还是知情交易者的资金需求，不愿及时接盘，导致股价暴跌。Marin 和 Oliver（2008）所构建的模型关注内部持股人与股价崩盘风险之间的关系。他们认为，内部持股人在卖空限制、管理层限售以及控股地位的约束下，无法依据自己所掌握的信息彻底卖掉自己的股票，导致非知情交易者放大对坏消息的预期，造成大规模抛售，形成股价崩盘。

不完全信息理性预期均衡模型在解释股价崩盘的成因上，较完全信息理性预期均衡模型更有说服力。然而其先天的缺陷使其在现实应用中受到局限，如它的理性人假设、同质性假设等都造成实证上的困难，而且无法解释许多“金融异象”（刘力等，2007）。

2.1.2.2 基于行为金融学的股价崩盘的理论研究

利用行为金融学解释股价崩盘成因的代表性理论是 Hong 和 Stein（2003）提出的投资者异质信念模型。Hong 和 Stein（2003）假设，对于股票的价格，投资者们并不会产生同质性预期，而是彼此间存在异质信念，即有的乐观，有的悲观。他们认为，投资者异质信念与卖空限制可以解释为何没有在重大利空的情况下会发生股价暴跌，为何股价暴跌程度强于暴涨程度以及为何暴跌会发生传染现象。

具体而言，假设市场中存在乐观投资者 A、悲观投资者 B 以及套利者。在时期 1 时，市场受到信息冲击，A 因为乐观进入市场，由于存在卖空限制，持悲观态度的 B 无法进入市场，其所掌握的坏消息被隐藏，于是市场价格只反映了 A 以及套利者所掌握的信息。到时期 2 时，如果 A 继续接收好消息，那么其会继续持有或买入股票，B 仍在市场之外，他的信息继续被隐藏；反之，如果 A 获得坏消息，他会卖出股票，若 B 能成为支持卖家，则 B 所掌握的信息得以释放，然而，如果 B 不接盘，则套利者会认为 B 所掌握的坏消息比他们预期要坏，于是也会抛售股票，导致股价崩盘。可见，股价崩盘并非由于重大利空所致，而是由于一个较小的利空冲击触发了被积累起来的众多坏消息的集中释放所致。此外，由于卖空限制的存在，好消息可以随时反映在股价中，但坏消息的释放却往往具有滞后性，因此，解释了为何股价暴跌程度总大于暴涨幅度的现象。最后，如果一只股票的信息可以影响另一只股票的信息，则当投资者收到关于前者的坏消息后，同样也会抛售后者，导致二者共同崩盘，这便解释了股价崩盘的传染性。

显然，相较于理性预期模型下的诸多理论模型，基于投资者异质信念的行为金融学模型，可以更好地解释股价崩盘的成因。然而，该模型的正确性却因为异质信念无法直接度量而难以被实证研究证实。虽然一些学者用诸如交易量以及换手率等变量间接度量投资者异质信念，但是由于度量误差的存在使实证结论并不一致。例如，一些实证研究的结论支持 Hong 和 Stein（2003）的观点（Chen 等，2001；Griffin 等，2004；Brooks 和 Katsaris，2005；Marin 和 Oliver，2008），但 Hueng 和 Mcdonald（2005）以及 Xu（2007）的研究则不支持其观点。实证结论的分歧使 Hong 和 Stein（2003）的模型在实际应用中大打折扣。

2.1.2.3 关于市场层面理论模型的评述

上述诸理论模型的贡献在于，这些理论模型的建立与演进，极大地丰富了股价崩盘风险成因的研究领域，不仅为今后该领域的研究提供了理论依据，而且也为政策制定者提供了理论参考。

另外，上述诸理论模型也有局限性。上述理论模型以市场层面的股价崩盘为落脚点，其中绝大部分是以个股信息不透明为假设前提，试图构建良好的交易制度来缓解股价崩盘风险（如卖空交易制度），这无可非议。然而，尽管良好的交易制度可以在一定程度上缓解股价崩盘，却不能从根本上杜绝股价崩盘。

实际上个股的信息透明度并非完全一致，公司治理水平高的企业一定比公司治理水平低的企业信息透明度更高。只有提高公司治理水平，提升企业信息透明度，从根本上解决负面信息窖藏的问题，才能最终解决股价崩盘问题。于是以 Jin 和 Myers（2006）为核心的基于公司层面的股价特定崩盘风险的研究应运而生。

2.1.3 基于公司层面的股价特定崩盘风险

2.1.3.1 理论基础

Jin 和 Myers（2006）认为，由于管理人与股东之间的委托代理冲突的存在，管理者出于个人利益诉求通常会隐瞒坏消息，当坏消息积累到一定程度时，经理人会放弃或没有能力继续隐瞒坏消息，导致坏消息集中释放，造成股价大跌。Bleck 和 liu（2007）则认为，企业管理者出于构建商业帝国的目的，会故意隐瞒关于投资项目的坏消息，使得投资者和股东无法在早期知晓项目的真实净现值，导致过度投资，直到项目亏损信息被积累到一定程度时，隐藏的信息被集中释放，造成股价崩盘。Hutton 等（2009）则证明了信息透明度对股价崩盘风险的影响，发现信息透明度越低的企业，其股价越容易发生崩盘风险。

以上三项研究作为研究个股特定崩盘风险的理论基石，其核心思想是，因企业管理者的代理动机所导致的信息窖藏是引发股价崩盘风险的根本原因。其建立在理性人假设之上，属于理性人预期模型范畴。虽然上述理论为近年来股价崩盘风险的研究做出了巨大贡献，但是其在实际应用中仍存在一定的局限性，即一些被证明委托代理问题比较低的企业，其股价崩盘风险也非常高，就这一现象而言，上述理论无法解释。Kim 等（2016）则打破理性人假设预期，用行为金融学理论成功解释了上述“异象”。Kim 等（2016）认为，即使经理人不存在私心，一切以股东利益最大化为己任，也可能因过度自信导致股价崩盘。他们认为，过度自信的高管通常会高估自己的管理能力，低估项目的潜在风险，因此，常常投资一些净现值为负的项目，为了防止股东干扰项目的运行，在项目存续期内，高管也会隐瞒一些关于项目的信息，当项目最终被证明是失败后，积累的坏消息被集中释放，导致股价崩盘。Kim 等（2016）的管理者过度自信假说弥合了委托代理假说的不足，完善了基于个股特定崩盘风险的理论基础。

2.1.3.2 关于个股特定股价崩盘风险的实证分析

自 Jin and Myers（2006）的“管理者代理—信息窖藏”理论被提出后，中外学术界涌现出大量文献，试图探索公司层面的股价崩盘风险的成因与解决办法。笔者按照对股价崩盘风险的影响方向把股价崩盘风险的影响因素分为 2 类，即加剧企业股价崩盘风险的因素和缓解企业股价崩盘风险的因素。

（1）加剧股价崩盘风险的影响因素

现有研究发现，能够加剧股价崩盘风险的因素可以分为两类，一是与高管自身利益相关的一些直接诱因，二是与管理者代理行为相关的一些企业行为。

第一，与高管自身利益相关的直接诱因。CFO 期权激励（Kim 等，2011a）、高管额外津贴（Xu 等，2014）以及政治动机（Piotroski 等，2015）等因素直接诱因会促使高管隐瞒公司财务信息，增加股价暴跌风险。

第二，与管理者代理行为相关的企业行为。公司避税计划（Kim 等，2011b；江轩宇，2013）、会计信息的隐瞒（施先旺等，2014）、企业投资效率（江轩宇和许年行，2015；田昆儒和孙瑜，2015）、现金流操控行为（周冬华和赖升东，2016）、财务重述行为（谢盛纹和廖佳，2017）、上市公司违规行为（沈华玉和吴晓晖，2017）、并购商誉（王文姣等，2017）、高溢价并购（曾春华等，2017）以及激进的公司战略定位（佟孟华等，2017）等与企业管理者代理行为相关的企业行为会加剧企业股票崩盘的风险。

（2）可缓解企业股价崩盘风险的因素

良好的公司治理结构、合理的公司内部控制制度以及良好的外部监督环境等因素可以抑制股价崩盘风险。本书将这些治理因素分为2类，即公司内部治理和外部治理。

公司内部治理涉及的影响因素主要包括：大股东持股（王化成等，2015）、独立董事独立性（梁权熙和曾海舰，2016）、稳健的会计政策（Kim and zhang，2016）、董事高管责任保险（胡国柳和宛晴，2015）、外资持股（吴德军，2015）、高质量的公司内控信息披露（叶康涛等，2015；肖土盛等，2017）。

外部治理因素大体包括：非投机性机构投资者（An和Zhang，2013）、高水平的市场化进程（施先旺等，2014）、国际财务报告（IFRS）的强制实施（DeFond等，2015）、审计收费（万东灿，2015）、媒体报告（罗进辉和杜兴强，2014）、税收征管（江轩宇，2013；刘春和孙亮，2015）、投资者保护（王化成等，2014）、退市制度的实行（林乐和郑登津，2016）、社会信任（刘宝华等，2016）、社会审计监管（马可哪呐等，2016）、政府审计（褚剑和方军雄，2017）。

2.1.4 对两种理论模型的比较分析

（1）理论架构上的比较分析

基于市场层面的理论模型与基于公司层面的理论模型具有共同之处，即两类模型均认为信息隐藏是导致股价崩盘风险的根本原因。然而，两类模型在信息隐藏的原因上却存在分歧。一方面，基于市场层面的理论模型认为，信息隐藏现象的发生是由股票市场中不同交易者之间的信息不对称以及一些不合理的交易制度共同作用所致。该类理论模型均隐含着一个假设，即所有上市公司的信息都是不透明或部分透明的。另一方面，基于公司层面的理论模型则认为，不同企业之间在信息透明度上本就存在差异，认为企业管理者的信息管理行为是导致股价崩盘风险的根本原因。

（2）政策导向上的差异

基于市场层面的理论模型认为信息隐藏现象形成于股票交易过程中，因此，这类模型通常倾向于建立完善的市场交易机制，如提倡卖空机制和更低的交易费用等。相对而言，基于公司层面的理论模型更关注企业管理者的信息管理行为，因此，完善的公司治理机制及有效的市场监督机制是该类模型所倡导的。

（3）实证应用上的难易

基于市场层面的理论模型所涉及的影响因素难以用统计指标直接量化，因此，无论是模型的实证检验还是应用均难以进行。相对而言，基于公司层面的理论模型中涉及的企业信息透明度、代理成本以及管理者自信程度等因素均有比较成熟的量化指标，因此，模型检验的认可度比较高。同时，由于企业数据的可得性强，基于公司层面的理论模型的实证研究成果比较丰富。

2.2 管理层任期异质性文献综述

2.2.1 高层梯队理论

（1）高层梯队理论的内容

按照传统经济学的观点，在管理者理性预期下，企业各项经营决策可通过企业利润最大化理论制定，即以边际成本与边际收益相等时的状态作为最优决策依据。然而，在多元化经营的背景下，企业决策表现出复杂性的特点，而这种复杂决策更多的是由企业管理者的行为因素决定，而不是由传统经济学所讲的利润最大化理论所决定（March 和 Simon，1958；Cyert 和 March，1963）。具体地，企业的经营目标是多元化的，并且不同目标之间可能存在矛盾，在这种情况下基于理性人假设的传统的技术经济学框架对战略决策的帮助十分有限，相反，当面临复杂的决策困境时，基于管理者有限理性的组织行为学却具有巨大的优势。

在前人理论的基础上，Hambirk 和 Mason（1984）提出的高层梯队理论强调企业管理者个人特征对企业绩效的影响。他们认为，包括战略抉择和经营效率在内的企业绩效是由公司高管的价值观和认知基础决定的。其中，价值观包括对事物重要性的心理排序和偏好；认知基础包括对未来的认知和假设、对替代选择的认知以及对替代选择可能产生结果的判断。

具体地，首先，Hambirk 和 Mason（1984）假设企业管理者的知识范围和专业水平是有限的，而企业所面临的经营问题却是复杂多变的，因此，管理者在决策过程中不可能照顾到问题的方方面面。在这种情况下，企业管理者所做出的决策可能偏离最优，更多反映了其个人的价值观和认知基础，如其对事物轻重缓急的判断、个人偏好以及对未来的判断等。

其次，诸如价值观和认知基础等心理学因素很难被直接度量，因此，严重影响了高层梯队理论的应用价值。为了克服此困难，Hambirk 和 Mason（1984）通过对已有文献的归纳与总结，提出将高管背景特征因素作为管理者价值观与认知基础的载体，这些背景特征包括年龄、性别、任职期限、受教育程度以及专业背景等。他们认为，管理层的背景特征会影响管理层成员的价值观和认知基础，从而影响其决策行为。相对于抽象的心理学因素，背景特征变量不仅可以直接度量，而且数据易于获得，因此大大提升了高层梯队理论在理论研究和实践中的应用价值。

（2）高层梯队理论的验证与应用

自高层梯队理论提出后，许多研究都发现企业管理层背景特征与企业经营特征存在着显著的联系。

Bantel 和 Jackson（1989）以 199 家银行为研究样本，研究管理层背景特征对银行业创新的影响。研究发现管理层的平均任期越短，受教育水平越高，越有利于银行创新。

O’Reilly 和 Sylvia（1989）的研究发现，企业管理层的平均年龄越小、平均任职期限越短越有利于企业创新。

Finkelstein 和 Hambrick（1990）以高层梯队理论为分析框架，以包括计算机行业、化工以及天然气分销行业在内的 100 家企业为研究样本，考察了企业管理层任期长短与企业战略稳定性之间的关系。研究发现，企业管理层的平均任期和企业战略连续性具有显著的正相关关系，即管理层平均任期越长，企业战略定位越不易发生变化。

Grimm 和 Smith（1991）以铁路相关行业的公司为研究样本，考察了管理层平均年龄、平均任职年限以及受教育程度与企业战略转移之间的关系。研究发现，管理层成员越年轻、经验越少，越愿意改变企业战略定位，以应对变化的外部环境。

Wiersema 和 Bantel（1992）以世界 500 强企业为研究样本，考察了企业管理层背景特征与企业战略变化之间的关系。研究发现，管理层的平均年龄越低，任职年限越短，平均受教育程度越高，则该类企业较同行业的其他企业越容易改变战略定位。同时，该研究还发现，管理者的认知基础确实反映在人口统计特征因素中，即管理者的背景特征可以影响其认知基础，从而影响企业行为。这对 Hambirk 和 Mason（1984）提出的高层梯队理论给予了实证证明。

Eisenhardt 和 Schoonhoven（1990）以 1978—1988 年美国的半导体公司为研究样本，考察了战略定位、市场环境与管理层任职期限和企业增长率的关系。研究发现，企业管理层的行业经历越丰富，即越有经验，该类企业的销售增长率越高，相比之下，战略定位与竞争环境的影响却不明显。研究还发现，随着时间的推移，管理层的行业经验的影响效应不断增强。

Virany 等（1992）以 1968—1971 年 59 家计算机企业为研究对象，考察了内部提拔的 CEO 与外聘 CEO 对企业绩效的影响。研究发现，相较于 CEO 为外聘的企业，CEO 为内部提拔的企业的绩效更好。该研究认为，由于内部提拔的 CEO 在企业任期比较长，不仅对企业的战略定位和所处外部环境比较熟悉，而且更容易协调管理层成员之间的关系，这些都提高了团队对环境变化的认识和行动能力。

（3）高层梯队理论的评述

高层梯队理论的贡献在于，第一，对于学术研究人员而言，该理论在企业经营绩效的评估与预测上要强于传统经济学理论，因此，为研究人员在预测企业业绩时提供了一种更有效的新方法。第二，巧妙地利用高管背景特征作为高管认知基础与价值观的载体，不仅大大提高了该理论的推广与应用效率，而且为高管团队异质性的研究提供了理论基础。

高层梯队理论的局限性在于，其只关注高管团队某一个成员的背景特征或整个管理层的背景特征的平均水平对企业经营特点的影响，但缺乏对管理层成员之间的背景特征异质性的关注。例如，管理层成员之间的背景特征异质性会对成员之间的人际关系产生何种影响，从而又会如何影响企业的经营绩效。鉴于此，许多学者开始关注管理层背景特征异质性对管理层成员之间关系的影响，并探讨了其对企业行为和绩效的影响。

2.2.2 关于管理层异质性的理论研究与实证研究

关于企业管理层异质性对企业会产生何种影响，学术界存在两种相互对立的观点。一种观点认为企业管理层异质性可以提升企业经营效率，另一种则认为其不利于企业绩效的提升。本书将对以上两种观点的相关文献予以梳理与总结。

2.2.2.1 认为企业管理层异质性对企业有积极作用的理论与实证依据

（1）理论基础

首先，依据 Hambirk 和 Mason（1984）的高层梯队理论的假设，每一个人所掌握的知识禀赋是有限的，然而其面临的问题却非常广泛，所以其不可能对其所面临的每一个难题都能以最合理的方式独立解决。例如，即便是世界上最优秀的银行家，当其患病需要动手术时，也不可能自己为自己做手术。对于企业的管理者而言，其掌握的知识基础是有限的，而在日益多元化的市场背景下，在有限知识禀赋的束缚下，管理者独自做出的决策往往会偏离最优。其次，Hoffman 和 Maier（1961）认为，异质性可以丰富企业高层管理团队的知识资源并形成不同的视角，因此，可以提升企业管理层解决问题的能力。

具体地，企业管理层异质性对企业经营的积极影响主要表现在以下三方面：

第一，企业管理层异质性可以帮助企业管理团队形成多样性，以应对复杂的外部环境。依据必要多样性理论的观点，一家企业为了适应环境，必须与环境形成恰当的匹配。例如，目前在我国积极推进“一带一路”的背景下，我国企业在与沿线国家进行贸易合作的过程中，必然会面临文化冲突的问题。该问题如果解决不好，不仅会影响企业的利益，而且可能阻碍“一带一路”的进程。在这种情况下，如果在企业的管理层中引入精通“一带一路”沿线各国传统文化的专家，则可为企业与相关国家的商业往来带来事半功倍的效果。

第二，企业管理层异质性可以为管理层带来不同的视角和知识资源，增加企业创新机会。在竞争日趋激烈的国际与国内市场环境下，创新无疑是企业生存的源动力。经典的创新理论认为，创新往往在边缘处发生。企业管理层成员在知识资源、文化背景以及专业技能等方面的异质性，自然地形成了许多“边缘地带”，相互之间的摩擦不可规避，这往往会刺激新想法的产生（程兆谦和蒋璐，2008）。

第三，企业管理层异质性可以为管理层带来许多外部资源。团队成员的异质性越高，外部资源越丰富。相关研究发现，当团队成员在区域、业务与职能上存在巨大差异时，可以大大增加团队的外部知识共享，从而有效地提升团队绩效（Cummings 等，1993）。

（2）实证研究

Bantel 和 Jackson（1989）发现，管理层职业背景差异越大，越有利于银行创新。他们认为，管理层职业背景差异意味着各个成员所掌握的知识资源是不同的，而拥有不同知识资源的成员之间的交流很容易“摩擦”出新的想法，从而有利于创新。此外，他们还发现，管理层成员之间受教育程度的差异也与银行业创新存在正相关关系。这是因为受教育程度不同的管理者看待事物的角度存在差异，而这种差异往往会催生出新的灵感，从而促进创新。该研究的结论恰恰支持了“创新往往在边缘处发生”的创新理论。

Eisenhardt 和 Schoonhoven（1990）通过对美国半导体公司的研究发现，企业管理成员中，行业任职期限差异性越大，越有利于企业业绩的提升。他们认为，在管理层中，在相关行业任期较长的管理者的优势在于了解该行业的运行特征，富有行业经验，但可能相对保守；而管理层中，在该行业任期较短的管理者的优势在于比较有创新意识，但可能经验不足。两种类型的管理者相结合，可以互相取长补短，加快企业创新步伐，最终实现经营业绩的提升。

Watson 等（1993）根据文化背景将接受实验的学生分为两组，试图比较两组学生的整体表现。其中，一组中的学生具有相同的文化背景，而另一组学生之间则存在文化差异。研究发现，在起初的两周，具有相同文化背景的一组同学表现更好，但随着时间的推移，两组同学的整体表现趋于一致，甚至在最后两周时，具有文化差异的一组同学在其中的两项任务中表现更好。该研究表明，随着人们共处时间的增加，彼此之间因背景特征异质性所导致的隔阂会被弥合，彼此之间的优势可以得到互补。总之，该研究在一定程度上支持了管理层异质性的积极作用。

任兵等（2011）认为，企业的发展需要多元化的外部资源，而多元化的外部网络联系可帮助企业选择和适应环境，减少对外部资源的过度依赖。同时，企业管理层作为企业与外界组织联系的纽带，其对企业外部联系具有至关重要的作用。他们认为，企业管理层的异质性有利于多元化外部网络联系的形成，从而提升企业创新能力。他们以向 586 家企业发放调查问卷的方式获取样本，研究发现，企业管理层年龄异质性越强，越有利于企业建立多元化的企业网络联系，而企业网络联系的多元化程度越高，企业创新能力越强。该研究在一定程度上支持了企业管理层异质性有利于企业经营绩效提升的论断。

（3）对上述理论的评述

上述理论及实证研究探讨了企业管理层异质性对企业经营绩效的影响，不仅是对高层梯队理论的应用，而且拓展了高层梯队理论的应用范围，将针对企业高管背景特征的研究，从单纯关注高管个人特征或团队平均水平对企业的影响扩展到对高管团队在背景特征异质性的研究上。

然而，上述理论却遭到后来学者的不断质疑。上述理论认为企业管理层异质性有利于企业绩效提升，但后来的大部分实证研究均得出相反的结论。究其原因在于，实际上异质性的高管背景特征对企业绩效的影响并不是一个简单的过程，其中存在着比较复杂的传导机制，这些传导机制大体可以概括为两个过程，即任务过程和社会过程（程兆谦和蒋璐，2008）。所谓任务过程是企业管理层各个成员通过处理信息、整合外部资源并贡献各自知识和能力完成企业经营目标的过程。社会过程是指管理层内部沟通与交流，形成群体意识的过程。显然，支持企业管理层异质性可以增加企业绩效的观点只考虑了任务过程，而对更重要的社会过程却缺乏关注。

2.2.2.2 认为企业管理层异质性对企业有消极作用的理论与实证依据

（1）理论依据

认为企业管理层异质性对企业经营有消极作用的研究更加关注管理层决策过程中的社会过程。即管理层异质性会阻碍团队成员的交流与信任，从而不利于信息共享，最终给企业经营绩效带来负面影响。该类研究的理论基础是 Tajfel（1978）提出的社会认同理论和 Pfeffer（1983）提出的关于社会分类标准的具体化研究。

Tajfel（1978）将社会认同定义为，“个体可以意识到其属于某一社会群体，而且还能认识到作为群体成员，群体可以为其带来的情感和价值意义”。社会认同理论的观点是，人们会不自觉地将自己归属到某一群体中，形成认同，即社会分类。个体会通过寻求社会认同的方式来提高自尊，积极的自尊源于自己所属群体与其他群体之间的有利比较，即社会比较。通常个体都过分热衷于自己所属的群体，认为自己的群体比其他群体强，而且会在追求社会认同过程中感受群体之间的差异，这便很容易产生群体内偏好和群体间偏见。所谓群体内偏好，就是个体主观上感觉自己与所属群体的其他成员有共性，从而形成认同感，倾向于积极地与群体内其他成员进行资源共享并给予正面的评价。所谓群体间偏见，是指属于某一群体的个体会主观地将自己与其他群体的成员分割开来，形成对立关系并倾向于给予对方负面评价。

Tajfel（1978）的社会认同理论为企业管理层异质性的研究提供了坚实的理论基础，但是该理论并没有明确指出个体究竟依据什么标准进行社会分类。Pfeffer（1983）的研究则弥补了该理论在这方面的不足。Pfeffer（1983）的研究中明确了人们进行社会分类的标准，他认为，人们会在潜意识里，按照诸如年龄、性别、种族、受教育程度以及任职时间等背景特征的异同将自己划入或划出某一群体。群体内成员会因为强烈的社会认同感而增加沟通频率与信任程度，从而产生好感；群体之间的成员会因为缺乏社会认同感而缺乏交流和信任。

Hambirk 和 Mason（1984）的高层梯队理论、Tajfel（1978）的社会认同理论以及 Pfeffer（1983）的研究为过去二三十年关于企业管理层异质性与企业经营绩效之间关系的研究提供了重要的理论依据。

（2）实证依据

认为企业管理层异质性对企业经营绩效有负面影响的研究相对较多。

Katz（1982）以 50 个存续期限不同的研发项目组为研究对象，考察了项目期限长短对项目内成员之间的技术交流频率的影响。研究发现，项目周期越长，越有利于团队成员的交流，周期较短的项目中，成员之间缺乏交流。Katz（1982）对此现象给出的解释是，由于所考察项目组中的成员并非同时进入项目，存在任期差异，而任期异质性会造成团队成员之间互相不信任和价值观差异，从而不利于交流。但随着时间的推移，成员之间会逐渐熟悉，形成认同感，从而提高了交流频率。显然，在长期项目中，这种逐渐形成的认同感可以发挥作用，但在短期项目中，这种作用却难以发挥。

O’Reilly 和 Sylvia（1989）发现，企业管理层任期异质性会导致管理层成员之间缺乏必要的交流，从而不利于企业的创新。究其原因，在于管理层成员会按照任期长短，主观地对管理层成员进行分类，对自己所属的类别内成员比较亲近，但对其他群体成员则缺乏默契和交流。这种群体间的沟通障碍大大抑制了新想法的形成，也阻碍了企业创新进程。同样，O’Reilly 等（1993）的研究也发现，管理层任期异质性会造成管理层之间的沟通障碍，这种沟通障碍不利于团队成员之间精诚协作，从而抑制了企业的适应性变革。

Zenger 和 Lawrence（1989）以美国一家中型电子科技公司研发部的成员为研究对象，考察了组织内成员年龄异质性与任期异质性对团队成员之间技术交流频率的影响。该研究发现，组织内成员的年龄差别越大，任期差异越大，则成员之间的技术交流频率越低。同时，他们还发现，组织内成员之间的年龄异质性对成员之间技术交流频率的影响要大于成员之间任期异质性的作用。

Wagner 等（1984）以 1976—1980 年 31 家世界 500 强公司的 599 名企业高管为研究对象，研究了管理层背景特征异质性对管理层成员离职率的影响。研究发现，企业管理层任期异质性与成员离职率呈现显著的正相关关系，并且某一成员的任职期限与团队平均任期差别越大，其越可能离职。

Jackson 等（1991）以 93 家企业的管理层背景特征数据为研究样本，考察了管理层年龄、任期以及受教育程度等背景特征异质性对团队成员之间的关系以及成员更换的影响。研究发现，管理层年龄异质性不利于管理层成员之间形成和谐关系，而且成员之间的年龄异质性程度越大，成员的离职率越高。同时，该研究还发现，管理层任期及受教育程度异质性对管理层成员离职率的解释能力要低于年龄异质性。Jackson 等（1991）的研究表明，企业管理层背景特征异质性体现了管理层成员之间价值观、信仰以及对某些事物的态度的差异，这种差异不利于团队成员的沟通与合作，而且容易造成冲突和内耗。

Smith 等（1994）以 53 家科技企业为研究样本，考察了企业管理层背景特征对企业绩效的影响。研究发现，管理层任期异质性对企业投资回报率有负面影响。Smith 等（1994）认为，团队成员任期的异质性，导致了决策过程中成员之间的冲突，因而 CEO 需要花费大量时间和精力去协调和监督管理层成员之间的冲突，这在一定程度上延迟了项目的推进，从而影响了项目的投资回报率。

（3）对上述实证研究的评述

首先，Pfeffer（1983）的研究成功地将 Tajfel（1978）的社会认同理论引入到企业管理层背景特征异质性的研究中去，强调了管理层异质性对企业绩效影响的社会过程，即由管理层异质性导致的管理层成员的相互不认同对企业绩效的影响。上述诸实证结论在一定程度上支持了 Pfeffer（1983）的论断，即企业管理层异质性带来的丰富的视角、广阔的知识资源和社会关系对企业经济后果的正面作用实际上被管理层异质性所导致的管理层成员之间的不认同抵消掉，最终管理层异质性对企业业绩的综合作用是负面的。

其次，上述理论及实证结论一致表明，企业管理层异质性不利于管理成员之间的沟通与交流，这为此后关于企业管理层异质性与团队成员人际关系及行为之间关系的研究奠定了理论基础。

最后，上述实证文献更多关注的是企业管理层异质性所导致的管理成员之间的交流障碍和不信任对企业管理的影响，因此，均认为管理层异质性对企业会造成负面经济后果。然而，如果从企业公司治理的角度讲，管理层异质性所导致的管理成员的不信任与沟通障碍可以避免管理层成员之间合谋做出有损股东利益的事情，因此，管理层异质性是有可能为企业带来正面影响的。然而综观现有相关研究，从企业公司治理的角度探讨企业管理层异质性正面作用的文献非常少见（姜付秀等，2013）。

2.3 研究管理层背景特征与股价崩盘风险之间关系的文献

现有相关文献还没有直接探讨管理层任期异质性与股价崩盘风险之间关系的研究。与本书研究内容比较接近的研究也比较少见，而且只考察了企业内部管理者或外部监督者的个人背景特征对股价崩盘风险的影响，如女性 CEO（李小荣和刘行，2012）、审计师行业专长（江轩宇和尹志红，2013）、宗教信仰（Callen and Fang，2015）、审计师声誉（吴克平和黎来芳，2016）以及有财务背景的独立董事（董红晔，2016）。然而，探讨管理层成员之间背景特征差异与股价崩盘风险之间关系的文献却非常鲜见。

2.4 本章小结

2.4.1 股价崩盘风险相关文献对本书的启示

首先，针对股价崩盘风险成因的研究，相对于基于市场层面的理论模型而言，基于公司层面的理论模型在理论假设、政策导向以及研究可行性上均占据优势，因此，本书将以基于公司层面的理论模型为依据，来探讨股价崩盘风险的成因。

其次，综观上述关于企业层面股价崩盘风险的研究，虽然已经足够全面，但是从企业管理者背景特征角度进行的分析仍然相对匮乏，仅有的研究也只是关注管理者个人背景特征（李小荣和刘行，2012；江轩宇和尹志红，2013；Callen and Fang，2015；吴克平和黎来芳，2016；董红晔，2016），对于管理层成员之间在背景特征方面的关系还没有关注。鉴于高管任期异质性可能存在潜在的公司治理效用（姜付秀等，2013），因此，本书将分别从董事长与 CEO 任期交错以及 CEO 与 CFO 任期交错两个角度去探讨管理层任期异质性对股价崩盘风险的影响。这不仅丰富了股价崩盘风险方面的研究领域，而且拓展了行为金融学在股价崩盘风险领域的应用。

最后，现有针对企业股价崩盘风险的研究，在进行机制分析的过程中，只关注管理者代理行为这一视角，忽略了管理者的过度自信行为的作用，这在一定程度上可能会影响实证分析的逻辑严谨性。为了更加全面地反映管理层任期异质性与股价崩盘风险之间的关系，本书将分别从管理者代理和管理者过度自信两条途径进行分析。

2.4.2 管理层异质性相关文献对本书的启示

首先，Hambirk 和 Mason（1984）的高层梯队理论、Tajfel（1978）的社会认同理论以及 Pfeffer（1983）的研究为本书研究提供了坚实的理论依据。

其次，现有相关研究更多关注的是企业管理层异质性对企业管理的影响，所得结论多为负面的。然而，从企业公司治理的角度讲，管理层异质性所导致的管理成员的不信任与沟通障碍可以避免管理层成员之间合谋做出有损股东利益的事情，因此，管理层异质性可能具有正面的公司治理效应。然而综观现有相关研究，从企业公司治理角度探讨企业管理层异质性正面作用的文献非常少见（姜付秀等，2013）。

鉴于企业管理层任期是企业管理层背景特征的重要组成部分之一，本书将以企业公司治理为研究视角，重点考察企业管理层任期异质性对企业特定股价崩盘风险的影响，以揭示企业管理层任期异质性对企业带来的正面经济后果。

3 理论基础

3.1 股价崩盘风险理论

由于本书研究以单个企业为落脚点，因此本书所涉及的股价崩盘风险为个股特定崩盘风险，即剔除系统性风险后的股价崩盘风险。

研究个股股价崩盘风险的理论目前分为两大流派，分别为基于代理成本的股价崩盘风险理论和基于管理者过度自信的股价崩盘风险理论。本书将分别对上述两种理论加以介绍，并将其应用到本书的研究中去。

3.1.1 基于代理成本的股价崩盘风险模型

基于代理成本的股价崩盘风险理论最早由 Jin 和 Myers（2006）提出，Bleck 和 liu（2007）以及 Hutton 等（2009）的研究则对 Jin 和 Myers（2006）的理论给予了进一步的证明。他们认为，股价崩盘风险的形成机制为，在代理问题普遍存在于上市公司的前提下，企业管理者出于自身的利益所求（如薪酬契约、职业生涯以及帝国构建等），有动机隐瞒坏消息，当坏消息积累到一定程度时，便会突然释放，从而导致股价大跌。本书主要介绍 Jin 和 Myers（2006）针对个股股价崩盘风险的形成机制。

3.1.1.1 模型假设

一是企业信息存在一定程度的不透明。在这种情况下，投资者可以获得全部市场信息和部分企业信息。由于缺乏更准确的企业信息，投资者只能凭借所掌握的部分信息预期股票价格。导致信息不透明的原因是由于管理者与股东之间代理问题的存在，管理者出于自身利益诉求（包括薪酬契约、职业生涯等），有动机隐瞒企业的财务信息。

二是为了简化起见，不考虑折旧和再投资。这意味着，股东要求将每一期的经营性现金流作为股息发放。

三是外部投资者拥有企业的全部股份，如果他们愿意承担群体行为所导致的成本，则可以从管理者手中接管整个企业。

3.1.1.2　变量定义

企业内在价值的计算公式如下：

$$K_t(I_t) = PV[E(C_{t+1} \mid I_t),\ E(C_{t+2} \mid I_t),\ \cdots;\ r] \tag{3-1}$$

其中，K_t 为第 t 期企业内在价值；I_t 为第 t 期与企业相关的所有信息；C_t 为第 t 期的经营性现金流；$E(C_{t+1} \mid I_t)$ 是以第 t 期所掌握的信息为条件，企业第 $t+1$ 期的经营性现金流的条件期望值；r 为贴现率。式（3-1）代表了在掌握第 t 期关于企业信息的条件下，企业的内在价值为未来各期经营性现金流的条件期望值的现值。

管理者虽然对企业没有所有权，但却可以通过截取部分经营性现金流的方式，作为除薪酬之外的额外回报，而且这部分被截取的现金流无法准确度量。另一部分现金流则作为股利分发给股东。可见，管理者所截取的现金流与股东获得的股利之间存在此消彼长的关系。管理者会利用其信息优势，尽可能多地截取的现金流。当股东所获得的股利低到一定程度时，他们可能会考虑更换管理者，此时的股利水平便是股东能接受的最低值，同时，管理者所截取的现金流也达到最大值。

对于股东而言，股东可以辞退管理者，但需要高昂的成本。我们定义 αK_t 为股东辞退管理者后所获得的净资产。其中，$\alpha < 1$，取值越高，说明辞退管理者所付出的成本越低。此处将 α 定义为投资者被保护程度。也就

是说，投资者被保护程度决定着股东所掌握的公司的内在价值。根据股东所掌握的信息，在第 t 期，股东能掌握的企业的内在价值为 $\alpha K_t(I_t)$，因此，股东对今后各期的股利支付水平的要求是各期股利的现值的和与 $\alpha K_t(I_t)$ 相等。虽然管理者希望尽可能多地截取经营性现金流，但是为了避免被股东辞退，其每期给股东支付的股利必须有一个下限。这一股利支付下限为

$$Y = r\alpha K_t(I_t) \tag{3-2}$$

或：

$$Y = \alpha C_t(I_t) \tag{3-3}$$

对于管理者而言，在任何时刻他都有两种选择：

第一，继续留在企业，但要支付给股东足够多的股利，以赢得股东的认可。该选择的成本是，承担所隐瞒坏消息造成的风险。

第二，截取当期所有现金流，然后辞职，但却要付出一定成本，包括可观的薪酬契约、经理人声誉以及企业未来经营性现金流的索取权。该选择对于管理者而言产生的一个重要后果是，可以将其所隐藏的关于企业的负面消息造成的风险转嫁给股东。也就是说，管理者对放弃期权的行使，意味着坏消息的集中爆发，由此带来的风险由股东承担。

3.1.1.3　信息不透明情况下的模型设定

Jin 和 Myers（2006）的股价崩盘风险模型主要是在信息不透明的情况下，围绕经营性现金流在管理者与股东之间的分配展开。

（1）信息不透明情况下经营性现金流的形成过程

$E(C_t \mid I_t)$ 代表以第 t 期的信息为条件的，第 t 期经营性现金流的条件期望值。其中，I_t 为第 t 期的信息冲击，包括三个部分：一是来自市场的信息冲击（f_t），该类信息属于公共信息，依照模型假设，企业管理者与股东都能观测到该类信息。二是第一类企业特有的信息冲击（$\theta_{1,t}$），根据

模型假设，该类信息可以同时被企业管理者与股东观测到。三是第二类企业特有的信息冲击（$\theta_{2,t}$），根据模型假设，只有企业管理者可以观测到该类信息，而股东却不能观测到该类信息。因此，I_t 可以表述为

$$I_t = f_t + \theta_{1,t} + \theta_{2,t} \tag{3-4}$$

由于管理者与股东所掌握的信息量不同，因此，二者对企业经营性现金流的判断也存在差别。

对于管理者而言，由于其掌握了与企业经营性现金流相关的全部市场信息和企业特有信息，因此，其观测到的企业在第 t 期的经营性现金流就是实际现金流。即

$$E(C_t \mid I_t)_m = C_t \tag{3-5}$$

其中，$E(C_t \mid I_t)_m$ 代表管理者对第 t 期的经营性现金流的估计值。

对于股东而言，由于其只掌握了全部市场信息和部分企业特有信息，因此，其只能根据自己所掌握的不全面的信息对第 t 期的经营性现金流进行估计。即

$$E(C_t \mid I_t)_s = E(C_t \mid f_t,\ \theta_{1,t}) \tag{3-6}$$

其中，$E(C_t \mid I_t)_s$ 代表股东对第 t 期的经营性现金流的估计值。$E(C_t \mid f_t,\ \theta_{1,t})$ 则说明，股东只能依据市场信息（f_t）以及被披露的企业信息（$\theta_{1,t}$）来估计第 t 期的经营性现金流。因此有下列不等式成立：

$$E(C_t \mid I_t)_m \neq E(C_t \mid I_t)_s \tag{3-7}$$

或：

$$C_t \neq E(C_t \mid f_t,\ \theta_{1,t}) \tag{3-8}$$

根据企业管理者所隐藏的信息（$\theta_{2,t}$）的不同，C_t 与 $E(C_t \mid f_t,\ \theta_{1,t})$ 之间表现为不同的关系。当 $\theta_{2,t}$ 为正面消息时，企业在第 t 期的经营性现金流的实际值大于股东对其的估计值，即

$$C_t > E(C_t \mid f_t,\ \theta_{1,t}) \tag{3-9}$$

当 $\theta_{2,t}$ 为负面消息时，二者关系相反，即

$$C_t < E(C_t \mid f_t, \theta_{1,t}) \tag{3-10}$$

（2）均衡模型的构建

对于股东而言，依据假设2以及式（3-3），股东在第 t 期要求的股利支付水平为

$$Y_t = \alpha E(C_t \mid f_t, \theta_{1,t}) \tag{3-11}$$

式（3-11）说明，首先，股东不希望有再投资，因此，要求企业在第 t 期所形成的所有现金流都作为股利被支付（股东根据其掌握的关于企业的部分信息估计这一现金流）。其次，股东在计算股利时，会考虑更换管理者的成本，即其要求的股利是扣除更换管理者所付出成本后的净现金流。

对于管理者而言，其不仅要求获得薪酬合同中规定的报酬，还试图从每一期的经营性现金流中截取一部分作为自己人力资本的补偿。管理者截取的现金流水平为

$$Z_t = C_t - Y_t = C_t - \alpha E(C_t \mid f_t, \theta_{1,t}) \tag{3-12}$$

其中，Z_t 代表管理者截取的现金流，其可能为正，也可能为负，大小由实际现金流（C_t）和股东要求的股利（$\alpha E(C_t \mid f_t, \theta_{1,t})$）之差决定。

3.1.1.4 股价崩盘风险的形成机理

面临每一期所能截取的现金流（Z_t），管理者都有两种选择：第一种，支付给股东必要的股利，并继续经营企业，这意味着管理者将继续隐瞒关于企业的部分消息；第二种，放弃现有的薪酬待遇和职位，离开企业，被隐瞒的消息将被集中释放。管理者会做出哪种选择取决于其在 Z_t 与现有薪酬待遇、职位以及行业声誉之间的权衡。Z_t 的大小取决于实际现金流（C_t）和股东要求的股利（$\alpha E(C_t \mid f_t, \theta_{1,t})$）之间的关系，同时，这二者之间的关系又决定于投资者被保护程度（α）以及被隐藏信息

（$\theta_{2,t}$）的好坏。因此，管理者究竟选择继续经营还是离职最终决定于投资者被保护程度（α）以及被隐藏信息（$\theta_{2,t}$）的好坏。

（1）投资者被保护程度与股价崩盘风险的关系

该模型中涉及的投资者被保护程度是一个广义概念，包括企业内部公司治理水平和外部监管环境。

当投资者被保护程度比较高时，α 的取值会比较大。由式（3-12）可知，随着 α 的提高，Z_t 逐渐变小。这表明，如果不考虑企业内部信息的隐瞒程度，则随着投资者被保护程度的提高，企业管理者所能截取的经营性现金流会降低。

当隐瞒信息为好消息时，股东会低估现金流，因此，要求的股利肯定低于实际现金流，管理者能够截取到剩余的现金流。此时，无论 α 变大还是变小，都不会导致管理者离开，因此被隐瞒的好消息也不会被披露。

当隐瞒消息为坏消息时，随着投资者被保护程度的增加，管理者截取的现金流会降低，甚至为了保住职位还要自掏腰包以满足股东的股利需求。对投资者保护程度的提升，显然增加了管理者隐瞒坏消息的难度，使坏消息能及时释放而不是被大量积累后集中释放，从而减轻了股价下跌的程度，也就避免了崩盘风险。

总之，依据上述分析，包括公司治理和外部监管在内的投资者保护机制的存在可以有效地降低股价崩盘风险。

（2）信息透明度与股价崩盘风险之间的关系

由式（3-12）可知，当投资者被保护程度不变时，企业信息透明度决定着管理者截取现金流的多少。当企业信息透明度比较低时，消息比较容易被隐瞒，比较容易造成消息积累。反之，当企业信息透明度比较高时，消息不容易被隐瞒，也就不易被积累。

当隐瞒的消息为好消息时，股东会低估经营性现金流，因此要求的股利也比较低。由式（3-12）可知，此时管理者可以截取大量现金流。基于此，管理者会持续隐瞒好消息。

当隐瞒的消息为坏消息时，股东会高估现金流，从而要求的股利也较高。出于薪酬契约和职位等自利因素的考虑，管理者宁可给予股东一定的补偿，也会隐瞒坏消息。随着时间的推移，坏消息可能会不断被积累，直到有一天，管理者经过权衡后发现，自己所拥有的薪酬契约和职位带来的回报无法弥补其向股东提供的补偿时，才会放弃隐瞒坏消息。于是，坏消息被集中释放，导致股价崩盘。显然，企业信息透明度越低，管理者隐瞒坏消息的空间越大，坏消息的积累程度增加，从而导致更恶劣的股价崩盘风险。

3.1.1.5 基于代理成本的股价崩盘风险的其他理论

Bleck 和 liu（2007）从会计准则入手，以单个投资项目的投资效率为视角，探讨了股价崩盘风险的成因。他们认为，基于历史成本法的会计计价标准，并不能如实地反映资产的市场价值，但成为管理者掩饰项目投资效率真相的工具。该理论认为股价崩盘风险的形成机理为，在代理问题存在的情况下，企业管理者出于帝国构建等自利动机，往往会投资一些净现值为负的项目，但在成本法计价的会计准则的掩饰下，投资者不能及时发现项目的真实运营情况，直到项目亏损信息被积累到一定程度时，便被集中释放造成股价崩盘。

Hutton 等（2009）则通过实证分析进一步证明了信息透明度对股价崩盘风险的影响，发现信息透明度越低的企业，其股价越容易发生股价崩盘风险。

以 Jin 和 Myers（2006）、Bleck 和 liu（2007）以及 Hutton 等（2009）为代表的股价崩盘风险模型以企业代理问题为出发点，给出导致股价崩盘风险的原因，包括低效的公司治理机制和外部监督机制以及企业内部信息不透明所导致的坏消息的窖藏。同时，也为如何缓解股价崩盘风险提供了解决之道。首先，通过提高企业公司治理水平，增强对管理者的监督效率和激励效率，从而降低管理者与股东之间的代理冲突。其次，完善外部监督机制，提高管理者违规的潜在成本，从而加强了对投资者的保护。最后，提高企业信息透明度，从而增加管理者隐瞒消息的难度。

基于代理成本的股价崩盘理论对股价崩盘风险成因及解决之道的研究已经受到学术界的普遍认可，但其在应用中也存在一定的局限性。该理论以理性人假设为基础，认为企业的管理者是充分理论的，这就导致它不能对管理者非理性情况下企业股价崩盘风险的成因做出解释。例如，有些企业的代理问题非常轻微，但由于管理者的过度自信也往往导致股价崩盘，上述理论无法对此给出合理解释。

那么管理者的过度自信是如何影响企业股价崩盘风险的呢？接下来将对此加以分析。

3.1.2 基于管理者过度自信的股价崩盘风险理论

所谓过度自信，就是人们高估自己的智慧以及对未来掌控能力的一种普遍倾向，属于非理性心理特征。已有研究发现，过度自信偏差在企业高管中表现得尤为严重（Weinstein，1980；Taylor 和 Brown，1988；Alicke 和 Govorun，2005；Moore 和 Healy，2008；Graham 等，2013）。

基于管理者过度自信的股价崩盘风险理论的提出相对较晚，于 2016 年才被 Kim 等人提出。Kim 等（2016）认为，管理者过度自信会导致股价崩盘风险的原因主要有以下两方面。

一方面，过度自信的管理者通常会过度乐观地估计自己所投资项目在未来所产生的现金流，而且对自身掌控未来的能力过于自负（Heaton，2002；Malmendier 和 Tate，2005，Malmendier 等，2011）。因此，过度自信的管理者往往误将净现值为负的项目当作高盈利项目进行投资，从而导致过度投资。同时，他们对项目存续期内的负面反馈也缺乏理性的对待（Taylor 和 Brown，1988；Taylor 和 Gollwitzer，1995）。对于理性的管理者而言，当项目在存续期内出现不良反馈时，他们通常会对项目的盈利预期进行合理下调，如果发现项目的净现值为负，便会及时停止项目。相对而言，过度自信的管理者面对项目的不良反馈时，往往置若罔闻，仍坚持项目具有良好盈利能力的论断。此外，过度自信的管理者通常会高估自己对项目的把控能力，而低估项目失败的风险（Malmendier 和 Tate，2005）。上述这些自负的表现，致使管理者人为地延长了净现值为负的项目的存续期，从而使项目所导致的损失得以积累，直到项目结束时才被证实，最终导致股价崩盘。

另一方面，在项目存续期内，管理者的过度自信还会影响项目信息的披露。由于过度自信的管理者错误地将净现值为负的项目看成是盈利项目，因此，他们不愿意将关于项目的负面消息公之于众。因为过度自信的管理者通常认为，外部投资者都有投机倾向，往往会针对短期消息采取行动，而这种行为可能会迫使项目终止。为了使项目得以继续，过度自信的管理者甚至会采取粉饰财务数据的手段来传达他们乐观的信念。因此，管理者的过度自信可能会使坏消息隐藏并被积累，当积累的坏消息集中被释放时便会导致股价崩盘。

基于管理者过度自信的股价崩盘风险理论从管理者非理性角度解释了股价崩盘风险的成因，在一定程度上弥补了基于代理成本的股价崩盘风险理论。

综上所述，虽然两种股价崩盘风险理论分别从代理成本和管理者过度自信角度诠释了股价崩盘风险的成因，但两种理论针对降低股价崩盘风险的对策却是一致的。一方面，提高企业的公司治理水平并加强外部监督长效机制的建立，从而抑制管理者的代理行为和过度自信行为。另一方面，通过提高企业信息透明度，以减少信息窖藏程度。

本书将结合管理层任期异质性相关理论与上述股价崩盘风险理论来探讨管理层任期异质性对估计崩盘风险的影响。

3.2 社会认同理论

社会认同理论是本书研究企业管理层任期异质性的公司治理效应的重要理论基础。本书将从社会认同的定义、社会认同理论的基本观点、社会认同的形成过程、社会认同理论发展以及基于社会认同理论的管理层任期异质性对管理层关系的影响等5个方面来介绍。

3.2.1 社会认同的定义

Tajfel（1978）将社会认同定义为，“个体可以意识到其属于某一社会群体，而且还能认识到作为群体成员，群体可以为其带来的情感和价值意义”。社会认同最早源于成员身份的认定。人们总是追求积极的社会认同，这种积极社会认同的实现就需要通过内群体与外群体的比较。如果不能获得满意的社会认同，人们就会选择离开群体或进行积极比较。

3.2.2 社会认同理论的观点

社会认同理论的观点是，人们会不自觉地将自己归属到某一群体中形成认同，即社会分类。个体会通过寻求社会认同的方式来提高自尊，积极的自尊源于自己所属群体与其他群体之间的有利比较，即社会比较。通常个体都过分热衷于自己所属的群体，认为自己的群体比其他群体强，而且会在追求社会认同过程中感受群体之间的差异，这便很容易产生群体内偏好和群体间偏见。所谓群体内偏好，就是个体主观上感觉自己与所属的群体的其他成员有共性，从而形成认同感，倾向于积极地与群体内其他成员进行资源共享并给予正面的评价。所谓群体间偏见，是指属于某一群体的个体会主观地将自己与其他群体的成员分割开来，形成对立关系并倾向于给予负面评价。

3.2.3 社会认同的形成过程

社会认同的形成要经历社会分类、社会比较以及积极区分等 3 个过程。

（1）社会分类

Tajfel（1978）指出，为了简化对世界的理解和社会关系的构建，人们会按一定标准将周边的人归类为不同的群体，这就是社会分类。Tajfel 和 Turner（1979）总结道："社会分类通过将人们分类，来构建有秩序的社会环境，从而为人们从事各种社会活动创造条件，并创建了人们在社会中的位置。"通过社会分类，相同类别之间的差异（组内差异）被低估，而不同类别之间的差异（组间差异）则被夸大，即群内成员的差异变得不显著，但群体间的成员之间的差别则变得明显，这就是所谓的"加重原则"。社会分类越是明确、重要并与个人相关时，这种"加重原则"就越显著。也就是说，群体边界越清晰，人们越愿意强调自己所属群体内成员与其他群体成员的差别，而对于同一群体的内部成员之间的差异往往被低估，同质性被夸大。

（2）社会比较

社会分类的一个直接后果是社会比较。出于界定个体社会位置的目的，群体内成员与群体外成员进行比较时，被区分成不同的社会类别。基于群体之间的特征差异，群体内成员通过与其他群体的比较来获取与本群体相关的优势和劣势的信息，并证明属于该群体的合理性。社会比较的概念是基于费斯廷格的社会比较理论得出的。费斯廷格认为，与其他人在意见和能力上进行比较是每一个个体的心理需要，尤其是在没有客观的参考标准的情况下，这种需要更加迫切。社会比较更容易发生在比较相似的群体之间，如果群体之间在某一维度上越相似，那么个体就越希望得到一个更加积极的结果。社会比较的结果在相当程度上反映了个体的自尊和社会认同。换句话说，出于获得更高的社会认同感，个体会努力在社会比较中获得积极的结果。在这种动机的驱使下，人们在社会比较过程中，通常会遵循积极区分原则。

（3）积极区分

为了获得更高的认同感，内群体往往会拿自己比较占优的维度与外群体进行比较，这就是积极区分原则。社会认同理论认为，为了保持内群体在相关价值和地位方面的优势，即积极区分地位，内群体在与外群体进行社会比较时，通常会故意地偏爱内群体并偏见外群体（Brewer，2007）。Michael 和 Kipling（2000）把群体之间的比较行为形容为“积极认同的竞争过程”，无论是群体本身还是群体成员都会通过不同手段来确保和增强自己的积极区分和社会认同，而这一过程的结果就是，产生对群体本身和群体内成员的偏爱，同时，产生对其他群体或成员的偏见，即群际偏见和冲突。

上述三个过程构成了社会认同理论的基本框架，阐明了社会认同的形成过程，诠释了群内偏爱和群际偏见这一基本观点的内在逻辑。

3.2.4 社会认同理论的发展

Tajfel（1978）的社会认同理论为人与人之间社会关系的研究提供了坚实的理论基础，但是该理论并没有明确地指出个体究竟依据什么标准进行社会分类。这在很大程度上制约了该理论在学术界和实践中的应用。

Pfeffer（1983）的研究则弥补了该理论在这方面的不足。一方面，Pfeffer（1983）认为价值观以及认知基础可以作为社会分类的标准。另一方面，他还发现，人们会在潜意识里，按照诸如年龄、性别、种族、受教育程度以及任职时间等背景特征的异同将自己划入或划出某一群体。群体内成员会因为强烈的社会认同感而增加沟通频率与信任程度，从而产生好感；群体之间的成员会因为缺乏社会认同感而缺乏交流和信任。诸如年龄、性别、种族、受教育程度以及任职时间等背景特征可以作为价值观和认知基础的载体，成为社会分类的标准。Pfeffer（1983）的研究大大提升了社会认同理论的影响力，使其在社会学各个领域中都得到广泛应用。社会认同理论在企业管理层成员之间关系的研究上的一些结论，则成为本书研究的重要理论基础。

3.2.5 基于社会认同理论的管理层任期异质性的研究

所谓管理层任期异质性，就是企业管理层成员之间在任职期限上的差异程度。如果管理层成员任职期限相似，则说明管理层任期异质性较小；反之，如果各个成员之间任职期限差异较大，则说明管理层任期异质性较大。

本书中，主要关注 CEO 与 CFO（总经理与财务总监）以及董事长与 CEO 之间在任职期限上的差异对公司治理的影响。其中，如果 CEO 与 CFO 任职期限不同，则说明二者之间存在任期异质性，否则认为二者之间不存在任期异质性。二者之间任职期限差别越大，说明任期异质性程度越高。由于本书只关注 CEO 与 CFO 两个角色之间任职年限的差异，因此，采用 CEO 与 CFO 任期交错这一说法更合理，后文中一律采用这种说法。

董事长与 CEO 任期交错衡量了董事长与 CEO 之间在任职期限上的差

异性和差异程度。具体的解释和 CEO 与 CFO 任期交错相似，因此，不再赘述。

依据社会认同理论，管理层任期异质性会影响管理层的行为和成员之间的关系。例如，Zenger 和 Lawrence（1989）利用美国科技公司数据研究了高管任期异质性对高管行为的影响，发现管理层任期异质性会阻碍管理层之间的沟通。Ancona 和 Caldwell（1992）的研究发现管理层任期异质性会降低团队成员之间的交流频率。Jackson 等（1991）的研究发现，管理层任期异质性不利于提高团队凝聚力，甚至加剧了团队成员的离职率。O' Reilly 等（1993）的研究也表明管理层任期异质性不利于团队成员之间凝聚力的提升。Katz（1982）认为，管理层任期异质性会造成团队成员之间的不信任和价值观差异。上述研究的结论为本书研究管理层任期异质性对企业公司治理的影响提供了重要的理论基础。

3.3 CEO 权力理论

所谓权力，"就是人与人之间的一种特殊影响力，是一些人对另一些人造成他所希望和预定影响的能力，或者是一个人或许多人的行为使另一个人或其他许多人的行为发生改变的一种关系"。（林崇德等，1994）。同时，CEO 权力是，即便存在其他高管的潜在反对的情况下，CEO 仍能对企业重大决策产生持续性影响的权力（March，1966）。

在所有权与管理权分离的现代公司制度框架下，股东与管理者之间的利益冲突，即代理问题一直是困扰股东的重要问题之一。为了缓解代理成本，董事制度应运而生。理论上，董事会是企业重大决策的最终决策者，并对企业高管具有监督和任免权，因此，其对管理层应该具有绝对权力。然而，管理层权力理论却指出，由于信息不对称、两职合一以及董事会不作为等公司治理问题的存在，管理层尤其是CEO拥有较大权力，甚至能左右企业的重大决策（Finkelstein，1992，Jiraporn和Chintrakapn，2012）。因此，CEO权力在企业中发挥何种作用这一问题一直是学术界关注的热点问题。针对这一问题，学者们从不同角度进行了理论探讨，其中比较有代表性的是，基于公司成长理论的CEO权力理论、基于代理理论的CEO权力理论以及基于管理层权力理论的CEO权力理论。

3.3.1 基于公司成长理论的CEO权力理论

关于CEO在企业发展中的重要作用，公司成长理论做出了详细的论述并给予了高度评价。该理论的重要代表人物Schumpeter（1934）指出，资本家与企业家有本质区别，资本家只是企业的出资人，主要职责不在于管理，而企业家的核心职能则是创新。创新是企业获取超额利润的源泉，超额利润打破了市场均衡，使大量新的厂商进入市场，导致经济利润重新归零，最终实现新的市场均衡。因此，Schumpeter（1934）将企业家比喻成"市场均衡的创造性破坏者"。此后，公司成长理论的另一位代表性人物Penrose（1959）提出了著名的"彭罗斯效应"。她对CEO在企业成长中所发挥的作用进行了正反两方面的论述。她认为，CEO在长期的管理实践中积累了丰富的经验，并获得了难能可贵的专有知识，而这些专有知识对企业成长来讲却是把"双刃剑"。一方面，CEO所掌握的这些专有知识无法交易也无法模仿，作为企业特有的人力资本，无疑对企业成长发挥着积极的作用。另一方面，这些专有知识增加了CEO的权力，而这种权力往往成为CEO阻碍外部竞争者进入企业的工具，因此，CEO在特定情况下可能会成为企业发展的瓶颈。

基于公司成长理论的CEO权力理论明确了CEO在企业发展和价值创造中的"中心人"定位，但却忽视了CEO发挥"中心人"作用的路径研究。这恰好为此后关于CEO权力的研究提供了广阔的空间。

3.3.2 基于代理成本的CEO权力理论

Jensen和Mackling（1976）指出，在所有权与管理权分离的公司制度背景下，股东与经理人之间是一种委托—代理关系。这种委托—代理关系本质上是一种契约关系，即股东（委托人）聘用经理人（代理人）来管理企业，经理人获取相应的权力和利益。按照契约规定，经理人作为股东的利益代言人，所做的任何决定都应以股东利益最大化为前提。然而，许多事实及文献却表明，经理人经常会出于自利动机，以“个人利益最大化”为经营目标，并损害股东利益，这就是所谓的代理问题。例如，CEO往往会利用手中掌握的权力增加在职消费，以过度投资为手段增加企业规模从而构建个人“商业帝国”等。正是因为代理问题的存在，董事制度营运而生。股东试图利用董事的专业能力和知识对经理人加以监督，从而限制CEO的权力，进而缓解代理问题。

3.3.3 基于管理层权力理论的CEO权力理论

基于代理成本的CEO权力理论是以股东与管理者之间的代理问题为基础进行分析，并认为董事制度的引入，可以抑制CEO利用其权力对股东利益的损害，从而抑制代理问题。然而，管理层权力理论却指出，诸如信息不对称、CEO工作的复杂性以及股权分散等公司治理制度的缺陷，会使董事对CEO的监督效力大打折扣，从而使代理问题长期存在，甚至加剧CEO权力的膨胀。

作为管理层权力理论的奠基者，Finkelstein（1992）指出，CEO的核心任务是处理不确定性：对内处理董事会和管理层的不确定性，对外处理外部环境的不确定性。这种不确定性导致各种权力集中于CEO。

Finkelstein（1992）在明确了CEO权力来源的同时，还构建了CEO权力模型，该模型将CEO权力分为结构权力、所有者权力、声望权力以及专家权力。

（1）结构权力

结构权力是任何CEO都会拥有的一种权力类型，它是由企业管理层级结构所决定。由于CEO位于该结构的金字塔顶端，又称为位置权力。这种位置权力使CEO能够控制下属及公司资源，从而处理公司内外部不确定性。CEO头衔本就是权力的象征，如果CEO还同时担任董事长或副董事长成为两职合一的角色，那么CEO就可能会凌驾于董事会之上，并反过来影响董事会成员的任命，如此便产生了董事会虚设的公司治理缺陷。

（2）所有者权力

所有者权力是拥有企业股份的CEO所拥有的权力。CEO持有公司股份，因此，既是管理者又是所有者，这在一定程度上会提升CEO对公司的影响力。已有相关研究表明，持有公司股份的CEO在抗拒董事会监督和控股权力地位方面更具优势（Zald，1969）。还有研究发现，CEO持有公司股份越多，掌控公司不确定性的能力越强（Pfeffer，1981）。也有学者强调，所有者权力并非由公司章程直接赋予，属于隐形权力，因此对公司重大事项不能直接发挥作用（李海霞，2015）。

（3）声望权力

声望权力的大小取决于CEO的管理能力在企业内外的受认可程度，受认可程度越高的CEO，其声望越大，就能够获得更多内部员工和外部力量的支持。当企业面临内部变革或外部不确定性冲击时，能够权衡各方利益并获得外部支持是掌控局面的最佳途径，而有声望的CEO显然在这方面占据优势。CEO获得声望权力的重要途径之一是创始人身份。如果CEO是企业创始人，那么一方面体现了其对企业的管理能力和对外部环境的判断能力，另一方面其作为企业管理层的招募者和组建者，势必会得到企业管理层和董事会的大力支持。因此，身为企业创立者的CEO往往具有较高的声望权力。此外，在外具有兼职的CEO也会有较高的声望权力。因为，一方面，能够被其他企业聘为董事，已经足见该CEO的行业声望之高；另一方，在外兼职，还可与其他企业有高声望的管理者建立联系，从而为企业获取更多的外援性支持。

（4）专家权力

专家权力是在复杂多变的内外部环境下仍能持续管理好企业的一种能力体现。其来源主要有两方面：一方面，具有某领域高水平专业职称的CEO，往往具有专家权力。如果CEO拥有某一方面的专业职称，说明在与公司相关的专业和知识上，其比其他董事更占优势，并可通过一些手段限制董事对信息的知悉，从而在一定程度上控制董事会。另一方面，具有较长任期的CEO往往也具有较高的专家权力。任期越长，CEO对企业自身特点和市场环境越了解，因此，针对其他高管和董事会的话语权越大。

3.4 大股东持股理论

如何保护外部投资者的利益一直是学术界和实务界关注的热点问题。Shleifer和Vishny（1997）认为，提高投资者保护程度的途径有两种：一种是通过健全法律制度体系来保护外部投资者的利益；另一种是提高股权集中度，形成大股东。

法律制度虽然可以在很大程度上对投资者给予利益上的保护，但是由于我国资本市场起步较晚，相关法律体系并不完善，因此单凭法律制度显然不能给予投资者足够的保护。

虽然早期的研究认为，股权集中情况下，存在大股东侵占小股东利益的可能，即造成第二类代理问题（La Porta 等，1999；Claessens 等，2000；Jiang 等，2010）。然而，第二类代理问题的前提假设是，大股东与管理层利益一致，从而可以合谋损害中小投资者的利益。然而，有研究发现大股东与管理层之间的利益非一致。例如，祝继高和王春飞（2012）发现，大股东与 CEO 之间存在明显的利益冲突，会通过各种手段争夺公司控制权，以争取各自的利益。王化成等（2015）则认为，随着股权集中度的增加，大股东与中小股东的利益趋于一致。

综合现有相关文献的研究，本书认为，大股东无论是从主观动机上，还是从能力上都可以发挥其对管理层的“监督效应”，从而抑制管理者的代理行为。

3.4.1 大股东的监督动机

首先，Grossman 和 Hart（1980）认为，股权比较分散的条件下，股东存在“搭便车”的心理，导致对管理者监督不足。随着股权集中度的增加，大股东在剩余索取权的驱使下，会加强对管理者的监督。

其次，现有研究表明，企业管理者在诸多自利动机的驱使下（如保住职位、薪酬契约以及帝国构建），通常会隐瞒企业坏消息（Verrecchia，2001；Graham 等，2005；Khan 和 Watts，2009；Kothari 等，2009）。管理者通过寻租手段获得收益，但最终却损害了股东的利益。例如，管理者通过粉饰企业财务数据来保住职位和薪酬待遇，当行为败露后便会导致股价大跌，直接造成了股东的财富损失。管理者出于帝国构建目的的过度投资行为导致的资源浪费，最终也是由股东埋单。对于管理者代理行为，受到损失最大的无疑是持股最多的大股东。因此，出于对自己财富保护的目的，大股东也会积极监督管理者，抑制其代理行为。

最后，大股东持股比例的增加，促进了大股东与中小股东的利益一致性，从而降低了大股东采取“掏空行为”的动机。李增泉等（2004）发现，大股东对公司资金的占用随着大股东持股比例的增加，呈现出先增加后减少的趋势。这说明随着持股比例的增加，大股东与中小股东的利益趋于一致，从而更有动力监督管理者。

3.4.2 大股东对管理者的控制手段

大股东综合利用内部监控和外部机制来控制和监督管理者。内部监控主要通过控制董事会来实现，主要包括董事会独立性和董事会领导权结构。①董事会独立性。相对于外部董事，内部董事更容易受 CEO 控制。一方面，随着内部董事占比的增加，CEO 对薪酬契约更有决定权；另一方面，内部董事出于职位考虑，更可能“讨好”CEO。因此，提升外部董事比例往往可以抑制 CEO 的代理行为，从而提升企业业绩。Fama 和 Jensen（1983）发现，外部董事在减轻股东与 CEO 之间代理冲突方面具有积极影响。Brickley 和 James（1987）的研究表明，提高外部董事比例可以抑制管理者的在职消费水平。Dalton 等（2007）则指出，董事会的独立性越高，董事会监督管理者的能力越强。②董事会领导权结构。如果管理者出于自利动机损害了股东的利益，董事会可以更换管理者。然而，管理者为了保住自己的职位，也希望控制董事会。因此，为了更好地控制和监督管理者，大股东不会允许 CEO 与董事长两职兼任（大股东、董事长与 CEO 三职合一除外），即企业会采取 CEO 与董事长分离的二元领导结构。

大股东监督管理者的外部机制包括：①资本市场（Dalton 等，2007），主要通过并购市场约束管理层的行为；②制度环境（La Porta 等，1999），通过完善的法律体系和管理制度来约束管理者的自利行为；③产品市场环境，竞争性较强的产品市场可以缓解经理人的代理行为（Stigier，1958；Hermalin，1992；Shleifer 和 Vishny，1997）；④完善的经理人市场可以提高经理人采取寻租行为的成本，从而使经理人出于自身名誉考虑主动避免代理行为。

综观上述针对企业管理者的内部控制手段和外部机制，只有持股比例达到一定程度的大股东才有能力加以利用。一方面，只有持股比例达到一定程度的大股东才能对董事会结构产生影响；另一方面，虽然每个人都面临同样的市场环境和制度环境，但和中小股东相比，大股东能更有效地利用这些外部环境来约束管理者的行为。

3.5 产权性质理论

我国有两种不同产权性质的企业：国有企业和民营企业。2001—2016年的数据显示，在我国，国有产权性质的企业占比为55%，民营企业占比为45%（外资企业与合资企业归到民营企业计算）。两类企业在人事任命和公司治理水平上均存在显著差异，会影响管理层成员之间的关系。

3.5.1 人事任命差异

国有企业人事任免方面。2003年国资委成立，该部门依法履行国家出资人职责。同年，国资委颁布了《企业国有资产监督管理暂行条例》《中央企业负责人经营业绩考核暂行办法》等规定。上述规定明确了国资委对国有企业经理人的任免权和考核权。2004年，国资委又出台了《中央企业负责人薪酬管理暂行办法》，对国有企业管理者的薪酬制度进行了细化。此后又分别在2006年、2007年、2008年、2009年以及2012年，对《中央企业负责人经营业绩考核暂行办法》进行了数次修订，并相继颁布了《中央企业负责人年度经营业绩考核补充规定》《关于进一步规范中央企业负责人薪酬管理的指导意见》等制度规定。可见，在我国，国有企业的董事长、CEO 以及 CFO 等重要董事会和管理层成员的任命是由国资委决定的。

民营企业在人事任命方面与国有企业存在差异。一方面，由于我国经理人市场相对落后（Jiang 和 Kim，2014），而且家族企业占比较高，因此，董事长、CEO 以及 CFO 等重要管理层角色更可能由大股东本身或家族成员担任，而较少启用外部职业经理人担任上述重要职位。家族企业的管理层成员之间亲缘关系的存在，导致诸如年龄、性别、任期以及学历等背景特征的差异难以影响成员之间的关系。另一方面，民营企业的非家族企业中，董事长对 CEO 与 CFO 的任命以及 CEO 对 CFO 的任命都有很大的影响力。因此，背景特征的差异也很难对这三者之间的关系产生影响。

3.5.2 公司治理水平差异

相对于民营企业，我国国有企业存在明显的所有者缺位问题。在我国，从中央到地方各级政府均委派国资委代表本级政府依法履行出资人的职责。各级国资委对国有企业享有资产收益、参与重大决策、管理者任命以及参与公司章程制定等权利。从表面上看，企业所有者已经很明确，即各级国资委。然而，从“经济人”的角度讲，国资委虽负责履行出资义务，但并非真正所有者，很难像对自己企业那样关注企业的成长与发展，因此，存在严重的所有者缺位问题。国有企业所有者缺位为国有企业管理人员之间的合谋提供了极大的便利。国有企业管理者往往会从个人利益最大化的角度出发，共同合谋向政府要政策、要优惠、要补贴，共同争取有利于他们的项目工程，最终导致国有资产的浪费与流失。

相对而言，民营企业产权明晰，因此，针对企业管理层的监督体系比较完善，于是管理者的代理行为相对国有企业较轻微。

3.6 本书的理论框架

本章介绍了与本书研究相关的5种经典理论，这些理论将是本书研究的主要理论基础。基于上述五种理论，本书构建了管理层任期异质性影响股价崩盘风险的理论框架。图3-1为本书的理论框架图。我们将分别从上述不同理论出发，来介绍本书的理论框架。

3.6.1 本书的核心理论假说及内在机制

(1) 股价崩盘风险的成因

根据 Jin 和 Myers（2006）、Bleck 和 liu（2007）以及 Hutton 等（2009）的观点，在现代公司制企业中，管理权与所有权的分开使代理问题存在于每一个公司制企业中。正因为代理问题的存在，管理者往往会出于自身利益诉求，隐瞒关于本企业的坏消息，当坏消息积累到一定程度时，会突然释放，导致股价崩盘，即因代理问题所导致的企业信息不透明是导致股价崩盘风险的直接原因。

此外，Kim 等（2016）的研究认为，过度自信的高管会高估自己的管理能力，低估项目的风险，因此，经常会投资净现值为负的项目，为了使项目正常运行，在项目存续期内，管理者也会故意隐瞒坏消息，当坏消息积累到一定程度无法隐瞒而被集中释放时，便会产生股价崩盘。即管理者过度自信也会加剧企业信息不透明的程度，从而导致股价崩盘。

综上所述，无论是管理者代理行为还是过度自信行为均会导致企业信息不透明，从而造成股价崩盘风险。如果什么因素可以避免管理者代理行为或过度自信，便可抑制股价崩盘风险。

（2）社会认同理论在本书的应用

根据社会认同理论的观点，诸如年龄、性别、受教育程度等背景特征可以作为价值观和认知体系的载体。人们会在潜意识中，将周围的人按人的背景特征分成不同的群体。群体内的成员容易产生社会认同感，在共同认同感的驱使下比较容易交流并形成信任感；反之，不同群体的成员之间，不容易产生社会认同感，在认同感缺失的情况下，存在着交流障碍并很难形成信任感。利用社会认同理论，学者们发现，企业管理层任期作为管理层背景特征之一，其异质性会导致管理层成员之间认同感的缺失，从而造成成员之间彼此缺乏交流与信任。这种交流和信任的缺乏，可能避免管理层成员之间合谋，从而在一定程度上缓解管理者代理问题和过度自信问题。

综合考虑以上两种理论，一方面，管理者代理与过度自信是导致企业信息不透明并造成股价风险的根本原因；另一方面，管理层任期异质性可以避免管理层成员合谋，从而避免管理者代理和过度自信。因此，本书认为，管理层任期异质性可以抑制股价崩盘风险，这是本书的核心假说。同时，从上述分析过程不难看出，管理层任期异质性可以通过避免管理者代理和过度自信来抑制股价崩盘风险，这便是管理层任期异质性影响股价崩盘风险的内在机制。

3.6.2 管理层任期异质性的适用环境分析

不同公司治理因素之间存在着相互作用，这种相互作用影响着彼此的公司治理效应的发挥。管理层任期异质性对股价崩盘风险的异质性作用也可能受到企业因素的影响。本书主要考察企业产权性质、CEO 权力以及大股东持股对上述关系的影响。

（1）产权性质的影响

一方面，国有企业和民营企业在人事任命上存在显著差异。国有企业中，高管的人事任命均直接由国资委安排，管理层成员之间在人事任命上相互影响较小，因此，管理层任期异质性容易影响成员之间的关系，从而影响管理者代理和过度自信行为，进而影响股价崩盘风险。反之，在民营企业中，要么管理层之间存在亲缘关系（家族企业中），要么上级管理层对下级管理层的人事任命有主导权（非家族性民营企业中）。因此，在民营企业中，管理层任期异质性不容易对成员之间的关系产生影响，最终也很难影响股价崩盘。

另一方面，在国有企业管理者缺位的情况下，制度性的公司治理因素很难发挥作用，导致管理层合谋现象严重。在这种情况下，一些非制度性因素或许可以发挥更好的治理作用。因此，管理层任期异质性这种非制度性因素在国有企业中所能发挥的作用可能更强，从而缓解管理者代理和过度自信行为，进而抑制股价崩盘的风险。

总之，我们预期，在国有企业中，管理者任期异质性可以抑制股价崩盘风险，但在民营企业中，在种作用并不显著。

（2）CEO 权力的作用

管理层任期异质性对股价崩盘风险的抑制作用是建立在管理层成员之间相对平等的前提下的。如果管理层成员之间权力距离太大，管理层任期异质性对股价崩盘风险的抑制作用将很难发挥。具体地，CEO 作为企业的核心领导人，一方面，如果其权力过大，那么其决定着其下属的职业生涯和薪酬待遇，在这种情况下，即使下属不想与之合谋，也会屈从于 CEO；另一方面，权力比较大的 CEO 往往会凌驾于董事会之上，使董事会很难对其行为加以监督，如此，有异议的董事也很难制止 CEO 的代理行为或过度自信行为。综上，本书认为，管理层任期异质性对股价崩盘风险的抑制作用，只有当 CEO 权力小时才显著。

（3）大股东持股的影响

根据本书对现有文献的梳理和分析，大股东持股应该具有正面的治理效用。这是因为，当企业股权比较分散时，股东们很容易产生“搭便车”心理，使监督管理者的代理行为和过度自信行为的公共品变得特别稀缺，从而加剧了管理者代理和过度自信。反之，当企业股权比较集中时，大股东在剩余索取权的驱使下，能够自主发挥对管理者的“监督效应”，从而抑制管理者的代理行为和过度自信行为。王化成等（2015）甚至发现，提升大股东持股比例可以抑制股价崩盘风险。那么，当同样能够抑制股价崩盘风险的管理层任期异质性出现在大股东持股比例较高的企业中时，其对股价崩盘风险的抑制作用可能会被大股东的“监督效应”替代。因此，本书预期，管理层任期异质性对股价崩盘风险的影响，在股权相对集中的企业并不明显，在股权相对分散的企业中更加显著。

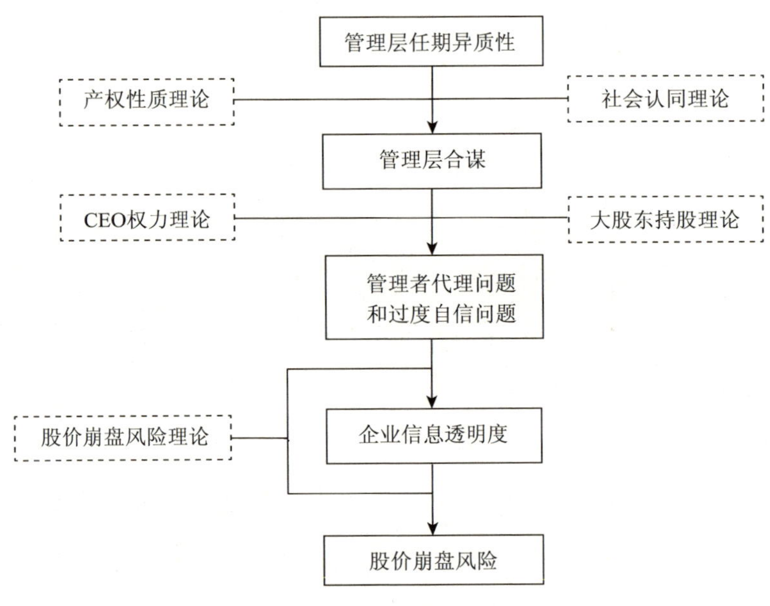

图 3–1　理论分析图

4 管理层任期异质性对股价崩盘风险的影响

本章主要考察管理层任期异质性能否对股价崩盘风险产生的影响，提出并证明了核心假说。在研究过程中，我们分别从 CEO 与 CFO 任期交错以及董事长与 CEO 任期交错两个角度，来考察管理层任期异质性对股价崩盘风险的影响。

4.1 CEO 与 CFO 任期交错对股价崩盘风险的影响

从股价崩盘的生成机理看，导致股价崩盘风险增加的主要原因是由代理冲突和过度自信导致的管理者信息管理行为和非效率投资决策。鉴于 CEO 和 CFO 是企业财务信息披露和投资决策最重要的决策人，二者的行为会直接影响企业财务信息质量和投资决策，因此，CEO 与 CFO 任期交错给二者行为带来的影响是有可能影响企业财务信息质量和投资决策，从而影响股价崩盘风险的。

基于此，本节以 2001—2016 年我国 A 股上市公司为样本，研究了 CEO 与 CFO 任期交错对股价崩盘风险的影响。研究发现，CEO 与 CFO 任期交错可以降低股价崩盘风险。

4.1.1 理论分析及假设提出

从现有关于股价崩盘风险的文献来看，造成股价崩盘风险的原因主要有三点：一是信息不透明。由于信息不透明，外部投资者无法知晓公司的真实运营情况，一旦公司真实的运营情况无法隐瞒而被公之于众，就会造成股价大跌。二是代理问题。管理者出于自身利益诉求，有动机隐瞒坏信息，一旦这些坏消息积累到一定程度就会突然爆发出来，引发股价崩盘。三是由于 CEO 过度自信所导致的股价崩盘。

鉴于 CEO 与 CFO 任期交错会造成二者之间的沟通障碍和不信任，而这种沟通障碍和不信任一方面可以避免二者合谋隐瞒公司财务信息，并可以抑制代理问题；另一方面，也可以抑制因 CEO 过度自信而进行非效率投资。因此，本章认为 CEO 与 CFO 任期交错可以抑制股价崩盘风险，具体分析如下：

首先，CEO 与 CFO 任期交错可以提高企业信息的透明度。已有研究表明，CEO 基于个人的薪酬契约、职业生涯等原因考虑，有隐瞒公司财务信息的动机（Bergstresser 和 Philippon，2006），但是这种利己动机需要 CFO 积极配合才能实现。因为虽然 CFO 隶属于 CEO，但是作为企业财务信息披露的直接负责人，CFO 同样对财务信息质量有重要的影响，甚至有研究证明，CFO 的作用要大于 CEO（Jiang 等，2010）。因此，CEO 与 CFO 能否达成一致意见对财务信息隐瞒行为的实施是至关重要的。由于 CEO 和 CFO 任期交错会导致他们相互不信任，造成沟通障碍（Zenger 和 Lawrence，1989；Jackson 等，1991；Katz，1982），从而使他们难以达成一致意见。这样，当 CEO 出于自身利益诉求，提出隐瞒财务信息的要求时，CFO 的配合意愿会下降，从而抑制财务信息的隐瞒，进而避免股价崩盘风险。但是当 CEO 和 CFO 任期相同时，他们的交流频率高而且凝聚力较强，所以很容易达成一致意见，从而合谋隐瞒财务信息的机会增大，进而加剧股价崩盘风险。

其次，CEO 与 CFO 任期交错可以通过缓解代理问题和抑制 CEO 过度自信等途径来减少企业过度投资行为，从而降低股价崩盘风险。投资决策是企业最重要的决策之一，在理想的状态下，项目的盈利能力是投资决策所考虑的唯一因素。然而，由于代理问题和 CEO 过度自信的存在，过度投资成为困扰股东的重要问题。第一，从代理冲突的角度讲，CEO 出于“帝国构建”的动机，经常会投资一些净现值为负的项目，从而导致过度投资（Jensen，1986）。第二，即便 CEO 不存在利己动机，如果 CEO 对自己的投资决策能力过度自信，也经常会投资一些净现值为负的项目，造成过度投资。好在通常企业的投资决策并非由 CEO 一人决定，还需要经过 CFO 的认可后才能执行。因为 CFO 作为企业的资源管理者和价值管理者，负有战略支持和监督控制两项职责（Geiger 等，2006），CEO 提出的任何投资议案，都需在 CFO 的支持和配合下才能执行。CEO 与 CFO 任期交错造成的二者之间的沟通障碍和不信任使二者难以凝聚在一起。这样，当 CEO 提出投资议案时，CFO 出于职业生涯和名誉保护考虑，会秉公办事，不与 CEO 合谋，将自己所知悉的战略信息及时地与诸董事进行交流和沟通，从而提高信息透明度，进而影响公司决策。因此，一方面，约束了 CEO 的利己行为；另一方面，也避免了因 CEO 过度自信而造成的过度投资，最终抑制了股价崩盘风险。相反，如果 CEO 与 CFO 任职期限相同，那么二者的交流频率就会上升，在日常的决策上很容易达成一致意见。此时，如果 CEO 提出利己的投资议案，或是明显不科学的投资决策，CFO 很容易与之合谋，进行非效率投资，就会加剧股价崩盘风险。基于以上两点因素考虑，本章提出第一个假设：

假设 1：CEO 与 CFO 任期交错可以抑制股价崩盘风险。

4.1.2　变量选取及模型设定

4.1.2.1　样本选择

本章选择我国 2001—2016 年所有 A 股上市公司的相关数据作为研究

样本。之所以选择 2001 年以后的数据为研究样本，是因为企业管理层背景数据在 2001 年以前缺失严重。参照已有相关文献的做法（李小荣、刘行，2012；许年行等，2012；江轩宇，2013；江轩宇、伊志宏，2013；许年行等，2013；王化成等，2014；叶康涛等，2014），按如下程序筛选样本：① 剔除金融类上市公司；② 剔除被标记为 ST 的上市公司；③ 剔除年交易周数少于 30 的观察值；④剔除相关实证变量有数据缺失的观察值。经过以上筛选程序，获得了 11898 家公司—年度观察值。所有数据均来自 CSMAR 数据库。为了避免极端值造成的影响，对所有存在离群值的连续性变量按 1%水平进行了 Winsorize 处理。

4.1.2.2 变量选取

（1）CEO 与 CFO 任期交错

借鉴姜付秀等（2013）的研究方法，以 CEO 与 CFO 任职年限之差的绝对值来度量 CEO 与 CFO 任期交错的程度（ *Dtcc* ）。此外，由于 CEO 与 CFO 的任职有先后之分，这能否影响二者任期交错的治理效应有待进一步验证，因此，出于稳健性考虑，本书还构造了 *Dtcc*1（CEO 任职早于 CFO，变量取值为前者任职期限与后者的差值）和 *Dtcc*2（CEO 任职晚于 CFO，变量取值为后者任职期限与前者的差值）两个变量作为 CEO 与 CFO 任职交错的测度，以区分二者任职的先后顺序。最后，由于 CEO 与 CFO 共事年限也可能影响二者任期交错对股价崩盘风险的影响，因此，本书还构造了交互项 $Dtcc \times Gstime$ 以判断二者共事时间是否会影响二者任期交错公司治理效应的发挥。其中，*Gstime* 代表二者共事时间。

（2）股价崩盘风险

为了构建公司层面股价的特定崩盘风险，本书借鉴现有文献的做法（Chen 等，2001；Hutton 等，2009；Kim 等，2011a，2011b），首先利用每家公司每一年的周收益率数据，估计如下回归模型以便剔除来自市场指数的系统性风险的影响：

$$r_{i,t} = \alpha_i + \beta_{i1} r_{m,t-2} + \beta_{i2} r_{m,t-1} + \beta_{i3} r_{m,t} + \beta_{i4} r_{m,t+1} + \beta_{i5} r_{m,t+2} + \varepsilon_{i,t} \tag{4-1}$$

其中，$r_{i,t}$ 为公司 i 第 t 周的收益率，$r_{m,t}$ 为市场第 t 周经流通市值加权的平均收益率，在模型（4-1）中加入市场收益率的超前项和滞后项是为了减少非同步交易带来的偏差（Dimson，1979）。定义公司特定收益率为 $w_{i,t} = \log(1 + \hat{\varepsilon}_{i,t})$，其中 $\hat{\varepsilon}_{i,t}$ 为模型（4-1）的估计残差。本书在个股周特定收益率的基础上构建如下两种股价崩盘风险的测度指标。

首先，借鉴 Chen 等（2001）和 Kim 等（2011a，b）的研究，利用公司特定收益率偏度的负值（$Ncskew$）来测度股价崩盘的风险，该值越大表示发生崩盘的风险越高。公司 i 在年度 t 的 $Ncskew$ 为

$$Ncskew_{i,t} = -\left[n(n-1)^{3/2} \sum w_{i,t}^3\right] / \left[(n-1)(n-2)\left(\sum w_{i,t}^2\right)^{3/2}\right] \tag{4-2}$$

其中，n 为交易周数。

其次，借鉴 Kim 等（2011a，2011b）的方法，采用下跌波动率与上涨波动率之比（$Duvol$）来测度股价崩盘风险。$Duvol$ 越大，则股价崩盘风险越大。$Duvol$ 的计算过程：首先，对于每一“公司—年度”样本，按每周个股周特定收益率是否高于该年所有周特定回报率的均值划分为两类：一是低于该年周特定回报率均值的为下跌周（“down” weeks）；二是高于该年周特定回报率均值的为上涨周（“up” weeks）。其次，分别计算下跌周和上涨周个股周回报率的标准差，得到下跌波动率和上涨波动率。最后，在每一“公司—年度”内计算下跌波动率与上涨波动率的比值并取自然对数，得到 $Duvol$ 指标。其表达式如下：

$$Duvol_{i,t} = \log\left[(n_{up} - 1) \sum s_{down}^2 / (n_{down} - 1) \sum s_{up}^2\right] \tag{4-3}$$

其中，s_{down} 为下跌周个股周特定回报率的标准差，s_{up} 为上涨周个股周特定回

报率的标准差。n_{up} 为上涨周数，n_{down} 为下跌周数。

（3）控制变量

参照已有相关文献的做法（李小荣和刘行，2012），本书还选取了如下控制变量：公司规模、月平均超额换手率、公司周特定收益率均值、公司周特定收益率标准差、账面市值比、资产收益率、资产负债率、公司信息透明度、大股东持股比例以及 CEO 薪酬水平。控制变量的选取理由如下：

换手率。已有相关文献通常将股票换手率作为投资者异质信念的直观体现（Chen 等，2001；陈国进和张贻军，2009）。根据 Hong 和 Stein（2003）的股价崩盘成因理论，投资者异质信念以及卖空限制是导致股价崩盘的重要原因。具体来讲，在买空限制的条件下，在过度自信的驱使下，只有乐观的投资者进入市场交易，悲观的投资者只能观望，因此，股票价格只反映了乐观投资者的信念，从而使股价容易出现泡沫，当价格泡沫达到一定程度时，因没有投资者及时接盘，便导致股价崩盘。投资者异质信念程度越大，发生股价崩盘的风险越高。鉴于此，本书将换手率作为控制变量引入计量模型中，以提高实证分析的稳健性。

股票周特定收益率均值。某股票在一年内的平均周收益率越高，在一定程度上说明该股票在这一年所积累的收益越高。根据 Harvey 和 Siddique（1999）以及陈国进和张贻军（2009）的实证结论，股票在过去一段时间内积累的收益越多，发生股价崩盘的风险越高。Cao 等（2002）给出的理论解释是，当存在交易成本时，一些投资者会被挡在交易市场之外，这类交易者所掌握的信息就不能被市场价格反映（这些交易者被定义为“观望交易者”）。只有当股价的变化证明“观望交易者”所获取信息是正确的时候，他们才会进入市场。如此，即使是很小的消息，也可能触发“观望交易者”在之前积累的负面消息的突然释放，从而导致股价崩盘。鉴于上述分析，本书将周特定收益率均值作为累计收益率的代理变量引入计量模型中，以控制其对实证结果的影响。

股票周特定收益率标准差。Markowitz（1952）提出的“均值—方差模型”首次明确了证券价格收益率的标准差即为股价收益率波动率，该思想一直沿用至今。通常股价收益率的标准差越大，说明该股票的价格波动率越大，即风险越大。已有相关研究表明，股票周特定收益率的标准差越大，则股价发生崩盘风险越大（王化成等，2015；江轩宇和许年行，2015）。鉴于此，本书将股票周特定收益率标准差作为控制变量，引入计量模型中。

公司规模。首先，根据李维安和武立东（1999）以及周新军（2007）提出的公司规模与公司治理边界的理论，规模越大的企业，越重视公司治理。在有效的监督和激励机制的约束下，管理者采取代理行为的机会成本较高，从而抑制了代理问题，进而缓解了股价崩盘风险。其次，由于公司规模越大，受关注程度越高（主要指证券分析师）（Chen，2001），这便形成了一种强有力的外部监督，在这种情况下，管理者隐瞒坏消息的难度加大，从而避免了坏消息积累，进而抑制了股价崩盘。鉴于此，本书将公司规模作为控制变量引入模型中，以确保实证结果的稳健性。

把账面市值比。所谓账面市值比就是股东权益与公司市值的比值，也等于每股净资产与每股股价的比值。高账面市值比代表公司基本面不佳，而低账面市值比代表公司基本面良好。依据 Daniel 和 Titman（1997）的研究，把账面市值比作为一种公司特征，代表着投资者的偏好，在一定程度上影响着公司股票收益。投资者通常会因某公司账面市值比高，而过分低估该公司股价；反之，则会高估账面市值比低的公司的股价。随着时间的推移，股价会被修正，从而使被低估的高账面市值比的公司的股价上涨；同时，被高估的低账面市值比的公司的股价下跌。这在一定程度上解释了

“账面市值比效应”。鉴于上述分析，本书将账面市值比作为控制变量引入模型，以保证实证结果的稳健性。

资产收益率。资产收益率在一定程度上体现了股票的内在价值。资产收益率高的企业，其盈利能力较强，内在价值高，从而可以推升股价上涨。以企业内在价值为依托的股价上涨，泡沫成分比较低，不容易发生崩盘风险。此外，从信息披露质量的角度讲，较低的资产收益率，意味着管理者的经营能力较差，出于薪酬以及职位等考虑，管理者有动机去掩饰业绩下滑事实，从而加剧了股价崩盘风险；反之，当企业资产收益率较高时，管理者的能力已经得以证明，因此，粉饰财务数据的动机也就降低了（Hutton 等，2009）。综合以上分析，本书将资产收益率作为控制变量引入计量模型。

资产负债率。资产负债率反映了企业的财务状况，资产负债率越高，说明企业面临的融资约束与财务困境越严峻。此时，为了降低交易成本，企业往往通过操控盈余的手段来粉饰盈利能力和财务状况。债务假说认为，高杠杆企业在强制性债务契约的驱使下，往往具有较高的操控性应急水平（Becker 等，1998），即资产负债率较高的企业，隐瞒坏消息的动机更强，从而发生股价崩盘风险的概率更大。然而，还有一种观点认为，资产负债率高的企业，容易被监管部门监督，从而不容易通过盈余管理来隐瞒信息（汪健和曲晓辉，2014），因此，可能有利于抑制股价崩盘风险。虽然依据两种观点推导出的资产负债率与股价崩盘风险之间的关系恰恰相反，但均说明二者之间可能存在相关关系，因此，本书将资产负债率引入模型作为控制变量。

公司信息透明度。Hutton 等（2009）利用 1991—2005 年美国上市公司数据研究了公司财务信息不透明对股价的同步性和暴跌风险的影响。该研究以可操控应计利润作为公司财务信息不透明的代理变量，可操控应计利润越高，说明公司财务信息透明度越低。研究结果表明，公司财务信息越不透明，股价越具有同质性，同时股价越具有暴跌的风险。该研究的理论基础是，企业高管出于谋取自身利益的目的，故意隐瞒负面的财务信息，会使企业的特质信息减少，从而使企业股价不能有效地反映企业的实际经营状况，却与市场指数保持高度一致性。然而，当企业的负面消息积累到一定程度时，高管无法隐瞒真相，消息被公众所知，股价就会发生暴跌现象。也就是说，企业的信息透明度高低，是企业高管是否采取代理行为的先决条件，信息透明度越高，高管就越不容易为谋取私利行为隐瞒信息，从而企业股价发生崩盘风险的可能性就越低。鉴于上述分析，本书将公司信息透明度作为控制变量引入计量模型，以提高稳健性。

大股东持股比例。根据王化成等（2015）的研究，大股东持股比例越高，就越能发挥大股东的“监督效用”，从而缓解企业管理者与股东之间的代理冲突，进而降低企业股价崩盘风险。相反，当企业大股东持股比例较低，即企业股权比较分散时，各个股东之间就会存在“搭便车”行为，使监督管理者行为这种公共品出现供给不足的问题（Grossman 和 Hart，1980）。在缺乏必要监督的情况下，企业管理者采取代理行为的机会成本较低，会加剧企业代理问题，从而加剧了股价崩盘风险。鉴于此，本书将大股东持股比例作为控制变量，引入计量模型中，以提高实证结果的稳健性。

CEO 薪酬水平。经典公司治理理论认为，针对企业管理者的监督与激励是缓解代理成本的两种基本方法。CEO 的薪酬水平作为激励的一种表现形式，显然是企业应对管理者代理行为的重要工具。在薪酬结构设计上，如果企业能给出与 CEO 的权力和能力相适应的薪酬水平，则可以在很大程度上避免 CEO 出于利己动机而采取的代理行为。相反，如果 CEO 的薪酬因制度约束或人为因素而被设置过低，则可能激发 CEO 的代理动机。例如，高辉等（2006）发现，在我国国有企业中，在 CEO 薪酬激励不足的情况下，过度在职消费问题非常严重。与此同时，依据 Jin 和 Myers（2006）的股价崩盘理论，股价崩盘风险本质上就是企业代理问题的一种恶劣后果，因此，能够影响代理问题的因素均可能影响股价崩盘风险。鉴于 CEO 薪酬水平可以对代理问题产生直接影响，从而也可能影响股价崩盘风险，因此，本书将其引入模型中，作为控制变量。

本章主要变量的定义和度量如表 4-1 所示。

表 4-1　变量定义及度量

变量	变量名称及度量方法
Ncskew	公司股票负收益偏态系数，算法参见正文和式（4-2）
Duvol	公司股票上下波动比率，算法参见正文和式（4-3）
Dtcc	CEO 与 CFO 任期交错程度，CEO 与 CFO 任职年限之差取绝对值
Dumdtcc	CEO 与 CFO 任期交错哑变量，二者任期一致为 0，否则为 1
*Dtcc*1	当 CEO 任职早于 CFO 时，为 CEO 任职年限减去 CFO 任职年限，二者任职时间相同时，取 0
*Dtcc*2	当 CEO 任职晚于 CFO 时，为 CFO 任职年限减去 CEO 任职年限，二者任职时间相同时，取 0
First	公司大股东持股比例
Soe	企业产权性质，当为国企时，取值为 1，为民营企业时，取值为 0
Ret	公司周特定收益率均值×100
Sigma	公司周特定收益率标准差
Turnover	月均超额换手率，为当年月均换手率与前一年月均换手率之间的差值
Size	公司规模，为年末总资产的自然对数
Roa	总资产收益率，净利润/总资产平均余额
Lev	资产负债率，为年末总负债与总资产的比值
Btm	账面市值比，为年末总资产/年末总市值
Comp	CEO 薪酬水平，为 CEO 年薪的对数值
Absacc	信息不对称程度指标，为修正 Jones 模型残差的绝对值

4.1.2.3 模型设计

为了考察 CEO 与 CFO 任期交错对股价崩盘风险的影响，本书构建了如下模型对假设 1 进行检验：

$$Crash_{i,\ t} = \beta_0 + \beta_1 Dtcc_{i,\ t-1} + \sum_k \beta_k Control^k_{i,\ t-1} + YearDum + IndDum + \xi_{i,\ t} \tag{4-4}$$

其中，因变量 *Crash* 代表股价崩盘风险，分别由 *Ncskew* 和 *Duvol* 两个指标来度量。解释变量 *Dtcc* 为 CEO 与 CFO 任期交错程度的测度。*Control* 为控制变量集。此外，本书还加入了年度哑变量（*YearDum*）和行业哑变量（*IndDum*），以分别控制年度和行业固定效应。

另外，之所以选择滞后一期的 *Dtcc* 作为解释变量，是因为股价崩盘风险的成因在于坏消息的不断积累并最终被集中释放所致，即坏消息有一个积累的过程，管理层任期异质性作为影响坏消息积累的一种因素，不可能在其变化当期就对股价崩盘风险产生作用。

在式（4-4）中，预期$\beta_1 < 0$，即 CEO 与 CFO 任期交错程度越大，越可以抑制股价崩盘风险。

4.1.3 实证结果分析

4.1.3.1 变量描述性统计结果

表 4-2 主要变量的描述性统计结果

变 量	均 值	标准差	最小值	最大值
Ncskew	-0. 19	0. 72	-4. 36	4. 12
Duvol	-0. 28	0. 70	-3. 18	2. 98
Dtcc	2. 47	2. 68	0. 00	16. 00
Dumdtcc	0. 67	0. 47	0. 00	1. 00
Ret	0. 00	0. 00	-3. 00	0. 00

续表

变量	均值	标准差	最小值	最大值
Sigma	0.05	0.02	0.00	0.24
First	37.89	15.91	9.27	75.73
Soe	0.55	0.50	0.00	1.00
Roa	0.03	0.06	-0.28	0.19
Btm	0.96	0.82	0.09	4.50
Lev	0.46	0.20	0.05	1.14
Size	21.74	1.20	19.08	25.50
Turnover	-0.03	0.39	-1.50	0.90
Absacc	0.08	0.10	0.00	0.65
Comp	12.74	0.95	2.48	16.43

表 4-2 列出了主要变量的描述性统计结果。两个股价崩盘风险指标 *Ncskew* 和 *Duvol* 的均值分别为-0.19 和-0.28，标准差分别为 0.72 和 0.70；CEO 与 CFO 任期交错程度指标 *Dtcc* 的均值为 2.47，标准差为 2.68。以上结果表明，被解释变量和核心解释变量在所选样本内差异性较大，适合进行比较分析。另外，CEO 与 CFO 任期交错哑变量 *Dumdtcc* 的均值为 0.6724，表明在样本公司中，存在 CEO 与 CFO 任期交错现象的企业占比达 67.24%，说明对该现象的研究是必要的。其他指标的描述性统计结果均在合理范围内。

4.1.3.2 单变量分析

表 4-3 报告了单变量分析结果。当按 CEO 与 CFO 任期是否存在交错现象将样本划分为两组后，就两个股价崩盘风险指标的均值而言，CEO 与 CFO 任期交错组（见表 4-3 第 2 列）比 CEO 与 CFO 任期一致组（见表 4-3 第 3 列）的小，而且两个指标在两组间的差异均在 1%的水平下显著（见表 4-3 第 4 列）。这证明了 CEO 与 CFO 任期交错可以抑制股价崩盘风险的判断。

表 4-3 单变量分析结果

变 量	CEO 与 CFO 是否任职交错		均值差异
	是	否	
Ncskew	-0.210	-0.171	0.039*** (3.43)
Duvol	-0.306	-0.266	0.039*** (3.52)

注：***、**、*分别表示在1%、5%和10%水平上显著，圆括号内数值表示 t 统计量取值。

4.1.3.3 主要变量之间的相关性分析

表 4-4 给出了主要变量之间的相关性分析结果。首先，两个股价崩盘风险指标的相关系数为 0.956，且在 1%的水平上显著，说明两个指标具有高度一致性。其次，两个股价崩盘风险指标与代表 CEO 与 CFO 任期交错的指标 *Dtcc* 的相关系数在 1%的水平上显著为负，这在一定程度上说明 CEO 与 CFO 任期交错可以抑制股价崩盘风险，与本章假设 1 预期一致。此外，*Dtcc* 还分别与公司代理问题和 CEO 过度自信变量呈现出显著的负相关关系，说明 CEO 与 CFO 任期交错确实有可能通过抑制企业代理问题和 CEO 过度自信来影响股价崩盘风险。

表 4-4　主要变量的相关性分析结果

变 量	*Ncskew*	*Duvol*	*Dtcc*	*First*	*Ret*	*Sigma*	*Roa*	*Btm*	*Lev*	*Size*	*Turnover*	*Absacc*	*Comp*
Ncskew	1												
Duvol	0.956***	1											
Dtcc	-0.034***	-0.035***	1										
First	-0.036***	-0.031***	-0.068***	1									
Ret	0.046***	0.104***	0.023***	0.109***	1								
Sigma	-0.039***	-0.097***	-0.017**	-0.143***	-0.947***	1							
Roa	-0.018***	-0.026***	-0.030***	0.092***	-0.017***	0.014**	1						
Btm	-0.066***	-0.045***	0.084***	0.070***	0.244***	-0.270***	-0.248***	1					
Lev	-0.045***	-0.049***	0.082***	0.013*	0.052***	-0.040***	-0.394***	0.538***	1				
Size	-0.122***	-0.124***	0.146***	0.191***	0.086***	-0.092***	0.110***	0.517***	0.362***	1			
Turnover	-0.068***	-0.090***	0.112***	-0.064***	-0.293***	0.289***	-0.078***	-0.013*	0.121***	0.086***	1		
Absacc	0.006	-0.002	-0.036***	0.016**	-0.053***	0.064***	-0.067***	-0.009	0.109***	-0.015*	-0.036***	1	
Comp	-0.013*	-0.011	0.066***	-0.022***	0.060***	-0.057***	0.278***	0.034***	0.001	0.397***	-0.055***	-0.008*	1

注：***、**、* 分别表示在 1%、5% 和 10% 水平上显著。

4.1.3.4 回归分析结果

(1) CEO 与 CFO 任期交错对股价崩盘风险的影响：基础回归

我们以 CEO 与 CFO 任期交错程度指标 *Dtcc* 为解释变量，分别以 *Ncskew* 和 *Duvol* 为被解释变量，并同时将其他可能对股价崩盘风险产生影响的指标作为控制变量引入模型中，得到的回归分析结果如表 4-5 所示。结果显示，*Dtcc* 的回归系数分别为-0.004 和-0.005，且分别在 10%和 5%的水平上显著。这说明，CEO 与 CFO 任期交错确实对股价崩盘风险有抑制作用，而且这种抑制作用会随着 CEO 与 CFO 任期交错年限的增加而变得更加显著。

表 4-5 CEO 与 CFO 任期交错对股价崩盘风险的影响

变量	$Ncskew_t$	$Duvol_t$
$Dtcc_{t-1}$	-0.004* (-1.81)	-0.005** (-2.10)
$First_{t-1}$	-0.001* (-1.95)	-0.001 (-1.63)
Ret_{t-1}	2.704*** (6.32)	2.403*** (5.99)
$Sigma_{t-1}$	15.384*** (6.62)	13.123*** (6.07)
Roa_t	0.058 -0.4	-0.038 (-0.27)
Btm_{t-1}	-0.070*** (-5.04)	-0.065*** (-4.89)
Lev_{t-1}	-0.003 (-0.07)	-0.049 (-1.08)
$Size_{t-1}$	-0.011 (-1.37)	-0.01 (-1.28)

续表

变 量	$Ncskew_t$	$Duvol_t$
$Turnover_{t-1}$	-0. 031 (-1. 15)	-0. 022 (-0. 83)
$Absacc_{t-1}$	0. 097 (1. 39)	0. 058 (0. 83)
$Comp_{t-1}$	-0. 019 (-1. 16)	-0. 015 (-0. 88)
Cons	0. 049 -0. 17	0. 016 -0. 06
时间	有	有
行业	有	有
N	11782	11782

注：＊＊＊、＊＊、＊分别表示在1%、5%和10%水平上显著，括号中是经过 White 异方差修正后的 t 值。以下类同。

（2）CEO 与 CFO 任期交错对股价崩盘风险的影响：区分任期交错的方向

由于 CEO 与 CFO 的任职期限有先后之分，那么 CEO 任职早于 CFO 和 CEO 任职晚于 CFO 是否会影响二者任期交错对股价崩盘风险的抑制作用呢？为了回答此问题，本章构建了 *Dtcc*1 和 *Dtcc*2（指标构建方法见表 4-1）两个变量来代表 CEO 与 CFO 任期交错，以检验二者任期交错方向是否可以影响二者任期交错程度与股价崩盘风险的关系。

检验结果见表 4-6。结果显示，当 CEO 任职早于 CFO 时，*Dtcc*1 的回归系数均为-0. 005，分别在 10%和接近 10%的水平下显著（见表 4-6 第 2~3 列）。同时，当 CEO 任职晚于 CFO 时，*Dtcc*2 的回归系数均为负，分别在接近 10%水平和 10%水平时达到显著（见表 4-6 第 4~5 列）。以上结果表明，CEO 与 CFO 任期交错方向不会影响二者任期交错对股价崩盘风险的抑制作用。

表 4-6　CEO 与 CFO 任期交错对股价崩盘风险的影响（区分二者任期交错方向）

变量	$Ncskew_t$	$Duvol_t$	$Ncskew_t$	$Duvol_t$
$Dtcc1_{t-1}$	-0.005* (-1.65)	-0.005 (-1.52)		
$Dtcc2_{t-1}$			-0.004 (-1.58)	-0.005* (-1.91)
$First_{t-1}$	-0.001 (-1.48)	-0.001 (-1.07)	-0.001** (-2.36)	-0.001** (-2.17)
Ret_{t-1}	2.426*** (4.75)	2.203*** (4.69)	2.294*** (4.50)	1.933*** (4.06)
$Sigma_{t-1}$	14.115*** (5.00)	12.402*** (4.85)	12.587*** (4.68)	9.844*** (3.94)
Roa_t	-0.035 (-0.21)	-0.174 (-1.11)	-0.207 (-1.42)	-0.243 (-1.64)
Btm_{t-1}	-0.087*** (-5.06)	-0.079*** (-4.86)	-0.076*** (-4.76)	-0.071*** (-4.71)
Lev_{t-1}	0.027 (0.50)	-0.030 (-0.55)	-0.045 (-0.83)	-0.068 (-1.29)
$Size_{t-1}$	-0.012 (-1.10)	-0.011 (-1.03)	-0.008 (-0.86)	-0.009 (-0.96)
$Turnover_{t-1}$	-0.029 (-0.90)	-0.017 (-0.53)	-0.027 (-0.80)	-0.013 (-0.38)
$Absacc_{t-1}$	0.033 (0.39)	-0.026 (-0.31)	0.157* (1.93)	0.128 (1.54)
$Comp_{t-1}$	0.000 (1.11)	0.000 (1.04)	0.000 (1.33)	0.000 (1.27)
$Cons$	0.039 (0.16)	-0.012 (-0.05)	0.143 (0.63)	0.145 (0.66)
时间	有	有	有	有
行业	有	有	有	有
N	7216	7216	7737	7737

（3）CEO 与 CFO 任期交错对股价崩盘风险的影响：考虑二者共事年限的影响

考虑到随着 CEO 与 CFO 共事时间的增加，二者之间的关系可能会变得越来越亲密，进而削弱 CFO 对 CEO 的制衡作用。那么，CEO 与 CFO 任期交错对股价崩盘风险的抑制作用是否会随着二者共事时间的增加而被削弱呢？基于此，本章构造了交互变量 $Dtcc \times Gstime$ 来考察 CEO 与 CFO 共事时间长短对二者任期交错与股价崩盘风险之间关系的影响。其中，$Gstime$ 代表二者共事时间。如果 $Dtcc \times Gstime$ 的回归系数显著为正，则说明二者共事时间的增加会削弱二者任期交错对股价崩盘风险的抑制作用。检验结果见表 4-7。结果显示，$Dtcc$ 的系数均显著为负，交互项 $Dtcc \times Gstime$ 的系数并不显著。这表明，CEO 与 CFO 共事时间的长短并不会影响二者任期交错对股价崩盘风险的抑制作用。

表 4-7　CEO 与 CFO 任期交错对股价崩盘风险的影响（考虑二者共事时间的影响）

变 量	$Ncskew_t$	$Duvol_t$
$Dtcc_{t-1}$	- 0.005* (- 1.79)	- 0.005** (- 1.99)
$Dtcc \times Gstime_{t-1}$	0.001 (0.84)	0.001 (0.64)
$First_{t-1}$	- 0.001* (- 1.86)	- 0.001 (- 1.55)
Ret_{t-1}	2.421*** (6.05)	2.160*** (5.77)
$Sigma_{t-1}$	13.490*** (6.23)	11.422*** (5.70)
Roa_t	-0.087 (-0.69)	-0.175 (-1.42)

续表

变 量	$Ncskew_t$	$Duvol_t$
Btm_{t-1}	-0.083*** (-6.42)	-0.078*** (-6.36)
Lev_{t-1}	0.004 (0.10)	-0.029 (-0.69)
$Size_{t-1}$	-0.011 (-1.41)	-0.011 (-1.40)
$Turnover_{t-1}$	-0.022 (-0.84)	-0.013 (-0.50)
$Absacc_{t-1}$	0.121* (1.83)	0.076 (1.15)
$Comp_{t-1}$	0.000 (0.61)	0.000 (0.44)
$Cons$	0.014 (0.07)	-0.012 (-0.07)
时间	有	有
行业	有	有
N	11782	11782

4.1.3.5　稳健性检验

为了保证本章结论的稳健性，我们从以下三个角度进行稳健性检验。

(1) 采用 CEO 与 CFO 任期交错的其他测度方法

我们用哑变量 *Dumdtcc* 作为 CEO 与 CFO 任期交错的另一种测度方法。当 CEO 与 CFO 任职期限相同时，该变量取值为 0，否则为 1。表 4-8 的回归结果显示，*Dumdtcc* 均在 10%的水平上显著为负，表明 CEO 与 CFO 任期交错确实可以抑制股价崩盘风险，与本章假设 1 预期相符，在一定程度上说明了本章结论的稳健性。

表 4-8　基于 CEO 与 CFO 任期交错不同测度方法的稳健性检验结果

变量	$Ncskew_t$	$Duvol_t$
$Dumdtcc_{t-1}$	-0.024* (-1.69)	-0.025* (-1.81)
$First_{t-1}$	-0.001* (-1.92)	-0.001 (-1.58)
Ret_{t-1}	2.426*** -6.07	2.168*** (5.80)
$Sigma_{t-1}$	13.504*** -6.25	11.462*** (5.73)
Roa_t	-0.085 (-0.67)	-0.173 (-1.41)
Btm_{t-1}	-0.084*** (-6.44)	-0.078*** (-6.38)
Lev_{t-1}	0.005 -0.11	-0.029 (-0.68)
$Size_{t-1}$	-0.011 (-1.40)	-0.011 (-1.40)
$Turnover_{t-1}$	-0.022 (-0.84)	-0.013 (-0.51)
$Absacc_{t-1}$	0.122* -1.85	0.078 (1.18)
$Comp_{t-1}$	0.000 (0.7)	0.000 (0.50)
$Cons$	0.018 -0.1	-0.007 (-0.04)
时间	有	有
行业	有	有
N	11782	11782

（2）进一步引入必要的控制变量

首先，引入 CEO 和 CFO 的任职年限。Francis 等（2008）认为，CEO 的任职年限会影响企业财务信息披露质量。因此，我们将 CEO 任职年限（*Ceotime*）和 CFO 任职年限（*Cfotime*）引入主回归模型中，以考察其是否会影响本章的实证结果。在表 4-9 中，第 2~3 列报告了该检验结果，结果显示，*Dtcc* 的系数分别在 10%和 5%水平上显著为负，说明在考虑 CEO 和 CFO 各自的任职年限后，二者任期交错仍然可以抑制股价崩盘风险。

其次，引入 CEO 和 CFO 其他背景特征变量。Tsui 等（2002）认为，为了控制不同变量之间的交叉影响，在研究中应该控制多个人口变量的特征。因此，出于稳健性考虑，本章还控制了 CEO 与 CFO 其他人口特征变量的差异，包括年龄差异（*Dage*）、学历差异（*Dedu*）和性别差异（*Dsex*）。结果见表 4-9 中第 4~5 列。结果显示，*Dtenure* 的系数均显著为负，表明 CEO 和 CFO 任期交错可以抑制股价崩盘风险，说明了本章研究结论的稳健性。

表 4-9　引入更多控制变量后的稳健性检验结果

变量	$Ncskew_t$	$Duvol_t$	$Ncskew_t$	$Duvol_t$
$Dtcc_{t-1}$	-0.005* (-1.95)	-0.005** (-2.25)	-0.008*** (-2.65)	-0.008** (-2.49)
$First_{t-1}$	-0.001* (-1.90)	-0.001 (-1.52)	-0.001 (-1.18)	-0.001 (-1.16)
Ret_{t-1}	2.415*** (6.03)	2.158*** (5.75)	2.615*** (4.73)	2.510*** (4.69)
$Sigma_{t-1}$	13.471*** (6.22)	11.434*** (5.70)	15.320*** (5.22)	14.019*** (4.99)
Roa_t	-0.107 (-0.84)	-0.193 (-1.56)	-0.241 (-1.37)	-0.272 (-1.58)

续表

变量	$Ncskew_t$	$Duvol_t$	$Ncskew_t$	$Duvol_t$
Btm_{t-1}	-0.084*** (-6.45)	-0.078*** (-6.37)	-0.083*** (-4.76)	-0.072*** (-4.25)
Lev_{t-1}	0.006 (0.14)	-0.027 (-0.65)	-0.013 (-0.23)	-0.049 (-0.85)
$Size_{t-1}$	-0.011 (-1.45)	-0.011 (-1.48)	-0.006 (-0.59)	-0.007 (-0.70)
$Turnover_{t-1}$	-0.022 (-0.85)	-0.013 (-0.51)	-0.013 (-0.39)	0.000 (0.00)
$Absacc_{t-1}$	0.123* (1.87)	0.079 (1.20)	0.047 (0.51)	0.045 (0.48)
$Comp_{t-1}$	0.003 (1.38)	0.002 (0.98)	0.003 (0.92)	0.002 (0.75)
$Ceotime_t$			0.000 (0.11)	0.001 (0.53)
$Cfotime_t$			0.003 (1.50)	0.003 (1.41)
$Dage_t$			0.000 (0.08)	0.001 (0.42)
$Dedu_t$			0.010 (0.85)	0.008 (0.72)
$Dsex_t$			0.026 (1.43)	0.026 (1.41)
Cons	0.002 (0.01)	-0.019 (-0.11)	-0.081 (-0.32)	-0.113 (-0.45)
时间	有	有	有	有
行业	有	有	有	有
N	11782	11782	6332	6332

（3）考虑样本选择的影响

在样本选择方面，由于2006—2008年，我国经历了股权分置改革以及金融危机的双重影响，这种宏观冲击和制度冲击是导致股价崩盘的重要驱动力量，可能会对本章实证结果产生影响。另外，2015年6月出现的股灾具有系统性成因，同样可能会对本章结论产生影响。尽管在股价崩盘风险指标构建过程中，我们已经剔除了系统性风险的干扰，但出于稳健性考虑，本章将以2009—2014年为样本期重新测试本章的实证结果。结果见表4-10。由表4-10可知，*Dtcc* 的系数均显著为负，说明即便排除上述两个时间段的系统性干扰后，CEO与CFO任期交错也仍可以抑制股价崩盘风险，与本章假设预期一致，说明了本章实证结论的稳健性。

表4-10　考虑样本选择影响后的检验结果

变量	$Ncskew_t$	$Duvol_t$
$Dtcc_{t-1}$	-0.005* (-1.68)	-0.005* (-1.74)
$First_{t-1}$	-0.001* (-1.83)	-0.001 (-1.51)
Ret_{t-1}	3.215*** (6.97)	2.821*** (6.47)
$Sigma_{t-1}$	18.466*** (7.27)	15.569*** (6.51)
Roa_t	0.257 (1.50)	0.175 (1.09)
Btm_{t-1}	-0.103*** (-6.41)	-0.098*** (-6.56)
Lev_{t-1}	-0.007 (-0.12)	-0.046 (-0.89)
$Size_{t-1}$	0.005 (0.54)	0.007 (0.77)

续表

变 量	$Ncskew_t$	$Duvol_t$
$Turnover_{t-1}$	-0.047 (-1.57)	-0.040 (-1.37)
$Absacc_{t-1}$	0.113 (1.52)	0.055 (0.72)
$Comp_{t-1}$	-0.012 (-0.61)	-0.008 (-0.41)
Cons	-0.659*** (-2.97)	-0.693*** (-3.22)
时间	有	有
行业	有	有
N	7561	7561

4.1.3.6 内生性讨论

本章另一个担心的问题是内生性问题。企业股价崩盘的最终受害者是股东，股东出于自身利益保护考虑，可能会撤换掉不称职的 CEO 或 CFO，这也将导致 CEO 与 CFO 之间的任期交错，因此，本章的实证结论可能是由于这种逆向因果关系所致。鉴于此，本章将采用工具变量法来克服潜在的内生性问题。

借鉴 Liu 等（2015）的做法，选择每一年同行业同地区其他企业 CEO 与 CFO 任期交错程度的均值作为本章核心解释变量的工具变量。该工具变量满足相关性和外生性条件。一方面，处于同一地区且属于同一行业的企业有共同的行业特征并面临相同的外部环境，因此，可以推测它们的 *Dtcc* 具有一定的相关性，据此判断所选工具变量满足外生性条件；另一方面，尚没有研究证明其他企业的管理层背景特征可以影响本企业的经营活动，因此，所选工具变量满足外生性条件。检验结果见表 4-11。

首先，第一阶段回归显示，Wald F 值为 65.38，在 1%的水平上显著，说明所选工具变量与 *Dtcc* 的相关性很强，不存在弱工具变量问题。*Meancc*

的估计系数显著为正，说明同行业同地区其他企业 CEO 与 CFO 任期交错程度与本企业正相关，与预期一致。其次，第二阶段回归结果显示，*Dtcc* 的技术均显著为负，说明即便排除逆向因果关系的可能性后，CEO 与 CFO 任期交错也仍可以抑制企业股价崩盘风险，这进一步印证了本章假设预期的准确性。

表 4-11　工具变量法回归结果

	第一阶段回归	第二阶段回归	第二阶段回归
变量	$Dtenure_t$	$Ncskew_t$	$Duvol_t$
$Dtcc_{t-1}$		-0.061** (-1.97)	-0.056* (-1.82)
$Meancc_{t-1}$	0.139*** (7.25)		
$First_{t-1}$	-0.011*** (-5.66)	-0.001** (-2.57)	-0.01** (-2.36)
Ret_{t-1}	-3.574** (-2.37)	2.125*** (4.68)	1.906*** (4.45)
$Sigma_{t-1}$	-26.129*** (-3.25)	12.073*** (4.81)	10.211*** (4.36)
Roa_t	-0.834 (-1.62)	-0.135 (-0.95)	-0.206 (-1.48)
Btm_{t-1}	0.100* (1.87)	-0.078*** (-5.26)	-0.075*** (-5.32)
Lev_{t-1}	0.376** (1.98)	0.037 (0.75)	-0.000 (-0.00)
$Size_{t-1}$	0.097*** (2.72)	-0.005 (-0.56)	-0.005 (-0.52)
$Turnover_{t-1}$	0.282** (2.51)	-0.001 (-0.03)	0.006 (0.21)

续表

	第一阶段回归	第二阶段回归	第二阶段回归
变量	$Dtenure_t$	$Ncskew_t$	$Duvol_t$
$Absacc_{t-1}$	-0.915*** (-3.01)	0.102 (1.28)	0.068 (0.87)
$Comp_{t-1}$	0.000 (1.07)	0.000 (0.98)	0.000 (0.76)
$Cons$	-0.544 (-0.69)	-0.015 (-0.07)	-0.061 (-0.29)
时间	有	有	有
行业	有	有	有
N	9947	9947	9947
调整后 R^2		0.03	0.03
Wald F 值	65.38***		

4.2 董事长与 CEO 任期交错对股价崩盘风险的影响

在前一节中，本书将 CEO 与 CFO 任期交错作为管理层任期异质性的代理变量，考察了 CEO 与 CFO 任期交错对股价崩盘风险的影响，并发现二者具有负相关关系，这在一定程度上说明了管理层任期异质性具有抑制股价崩盘风险的作用。然而，CEO 与 CFO 均属于企业高管团队成员，而高管团队只是管理层的一个组成部分，因此，CEO 与 CFO 任期交错并不能全面地反映管理层任期异质性，也不能全面地反映管理层任期异质性对股价崩盘风险的抑制作用。鉴于此，本章拟将企业董事会中的最高领导者董事长与高管团队中的 CEO 作为研究对象，考察董事长 CEO 任期交错对股价崩盘风险的影响，以便更加全面地反映企业管理层任期异质性对股价崩盘风险的抑制作用。

4.2.1　理论分析及假设提出

经典的“委托—代理”两层代理理论是现代公司治理研究的主要分析框架之一（Jensen 和 Meckling，1976）。由于股东直接监督和激励高管的成本高昂，股东将监督和激励高管的职责委托给具有专业知识的监督人，于是董事制度应运而生。如此，区分董事与经理人职能差异的“委托—监督—代理”三层代理理论成为经典两层代理理论的重要发展。然而，董事制度的引入，在缓解股东与经理人之间的代理问题的同时，又导致了另一种代理冲突，即股东与董事之间的代理问题。大量研究表明，当董事与股东的利益不一致时，董事可能会与经理人合谋追求私有利益，从而损害股东利益（Tirole，1986；朱滔，2015）。

实际上，董事制度的治理作用的发挥会受到董事与经理人之间关系的影响。如果董事与经理人之间表现为监督与被监督关系，那么董事能够对经理人的行为进行监督，就可以缓解代理问题；反之，如果董事与经理人之间是合谋关系，就会加剧代理冲突。

因此，我们面临的现实问题是，在现有制度框架下，如何抑制董事与经理人合谋，从而保护股东利益。我们认为，提高管理层任期异质性是缓解董事与经理人合谋的途径之一。相关文献认为，管理层任期异质性会影响管理层之间的关系。例如，Zenger 和 Lawrence（1989）的研究认为，管理层任期异质性会导致管理层之间的沟通障碍。Jackson（1991）等则认为管理层任期异质性会降低管理层的凝聚力。Katz（1982）甚至认为管理层任期异质性会造成团队成员之间互相不信任和价值观差异。可见管理层任期异质性有可能抑制团队成员之间合谋，从而防止股东利益受到损害。鉴于此，本章以股价崩盘风险为研究视角，考察董事长与CEO任期异质性对股价崩盘风险的影响，以便研究管理层任期异质性在公司治理中的积极作用。

从股价崩盘的生成机理看，导致股价崩盘风险发生的主要原因是管理者与股东之间的代理冲突所导致的信息隐瞒行为（Jin 和 Myers，2006）。鉴于董事长与CEO是企业最重要的决策人，二者的关系会直接影响股东与经理人之间的代理问题，因此，董事长与CEO任期交错有可能影响企业信息质量和投资决策，从而影响股价崩盘风险。

鉴于董事长与CEO都是企业的最高决策者，二者之间的关系会对企业的经营情况产生深远影响。如果二者之间的关系表现为监督与被监督的关系，则可以有效地缓解代理问题；反之，如果二者之间的关系表现为合谋关系，就会加剧企业信息不透明并导致更加严重的代理问题。由于二者任期交错会造成二者之间的沟通障碍和不信任，而这种沟通障碍和不信任可以避免二者合谋，从而使二者之间的关系表现为监督与被监督的关系，进而提高企业信息透明度并可以抑制代理问题，因此，本章认为董事长与CEO任期交错可以抑制股价崩盘风险，具体分析如下：

首先，董事长与CEO任期交错可以缓解代理问题。董事制度的建立是为了监督经理人从而抑制股东与经理人之间的代理问题。然而，这种监督作用的发挥却取决于董事长与CEO之间的关系。当二者任期一致时，二者交流频率的提高，很容易促使二者形成合谋关系，从而加剧代理问题。当二者任期交错时，二者交流频率下降而且很难互相取得信任，从而使二者之间的关系表现为监督与被监督的关系。这样，当CEO出于自身利益考虑，采取有损股东利益的行为时，董事长会积极制止，从而降低了代理冲突，最终保护了投资者利益。其次，董事长与CEO任期交错可以影响企业投资决策，从而避免无效率投资的发生。投资决策是企业的重要经营决策之一，投资决策制定的唯一决定因素就是看该项目是否能够盈利，然而，股东与经理人之间的代理冲突以及管理者的过度自信行为使投资决策的制定复杂化，由此而导致的非效率投资成为困扰股东的重要问题。为了避免非效率投资，股东委托董事会监督经理人的行为，而这种监督效果同样会受到董事长和CEO之间关系的影响。当董事长与CEO任期一致时，二者很容易形成“默契”，此时董事长可能会纵容CEO实施非效率投资，以谋取私利。当董事长与CEO任期交错时，二者会形成监督与被监督的关系，此时当CEO出于自身利益诉求，进行非效率投资时，董事长会积极出面制止，以避免无效投资的执行，从而降低了企业发生经营风险的概率，最终保护了投资者的利益。

综上分析，本章认为，董事长与CEO任期交错会促使二者之间形成监督与被监督的关系，从而有利于企业财务信息透明度的提升、抑制代理问题并减少非效率投资，进而避免股价崩盘风险的发生。鉴于此，提出本章第二个假设：

假设2：董事长与CEO任期交错可以抑制股价崩盘风险。

4.2.2　变量选取及模型设定

本节仍参照姜付秀等（2013）的研究方法，以董事长与CEO任职年限之差的绝对值来度量董事长与CEO任期交错的程度（*Dtdc*）。同样构造了相应变量以检验董事长与CEO任职先后顺序及二者共事时间对实证结果的影响，变量具体构造方式与前一节类似。另外，为了证明本章结论的稳健性，我们还构造了董事长与CEO任期交错哑变量（*Dumdtdc*），当二者任期相同时，取值为“0”，任期不同时，取值为“1”。股价崩盘风险指标的构建以及控制变量的选取与前一节一致，在此不再赘述。本节模型也与前一节相同。

4.2.3 实证结果分析

4.2.3.1 变量描述性统计结果

由于表 4-2 中已经给出了大部分主要变量的描述性统计结果，为节省篇幅，本章不再以表格形式展示变量的描述性统计结果，只给出董事长与 CEO 任期交错相关变量的结果。通过测算，我们发现，*Dtdc* 的均值为 1.634，标准差为 2.216，说明样本间董事长与 CEO 任期交错程度存在较大差异。*Dumdtdc* 的均值为 0.461，说明被选样本中存在董事长与 CEO 任期交错的公司占 46.1%。

4.2.3.2 相关性分析

同样，前一节中已经报告了大部分主要变量间的相关性分析结果，本节也不再以表格形式展示各个变量的相关性分析结果，只给出董事长与 CEO 任期交错相关变量与股价崩盘风险指标之间的相关系数。*Dtdc* 与两个股价崩盘风险指标的相关系数均为-0.045，并且在 1%的水平上显著，说明董事长与 CEO 任期交错程度和股价崩盘风险之间存在负相关关系。同时，*Dum*dtdc 与两个股价崩盘风险指标的相关系数也均在 1%的水平上显著为负，说明相对于不存在任期交错的企业，存在董事长与 CEO 任期交错的企业发生股价崩盘的概率更低。以上分析在一定程度上支持了本章的假设 2，即董事长与 CEO 任期交错可以抑制股价崩盘风险。

4.2.3.3 单变量分析

表 4-12 列出了单变量分析结果。结果显示，存在董事长与 CEO 任期交错的企业中，两个股价崩盘风险指标的均值比较小，分别为-0.171 和-0.268（见表 4-12 第 2 列），而在不存在董事长与 CEO 任期交错的企业

中，二者的均值比较大，分别为-0.245 和-0.341（见表 4-12 第 3 列）。此外，对于两个股价崩盘风险指标的均值而言，存在董事长与 CEO 任期交错的企业与不存在董事长与 CEO 任期交错的企业之间的差值分别为 0.074 和0.073，都在1%的水平上显著（见表4-12 第4 列）。以上分析表明，存在董事长与 CEO 任期交错的企业比不存在董事长与 CEO 任期交错的企业发生股价崩盘的风险更低，支持本章假设 2。

表 4-12 单变量分析结果

变 量	董事长与总经理是否任职交错		均值差异
	是	否	
Ncskew	-0.171	-0245	0.074*** (7.22)
Duvol	-0.268	-0341	0.073*** (7.22)

注：***、**、*分别表示在1%、5%和10%水平上显著，圆括号内数值表示 t 统计量取值。

4.2.3.4 回归分析结果

虽然单变量分析的结论支持假设预期，但是以上方法未考虑可能对股价崩盘风险产生影响的其他因素的作用，因此，分析结论可能存在误判。鉴于此，在充分考虑其他影响因素的情况下，本章继续用回归分析方法来验证本章假设，以便得出更精确的结论。

（1）董事长与 CEO 任期交错对股价崩盘风险的影响

表 4-13 展示了董事长与 CEO 任期交错对股价崩盘风险影响的实证结果。结果显示，当分别以 *Ncskew* 和 *Duvol* 为股价崩盘风险指标时，*Dt*dc 回归系数的估计值分别为-0.007 和-0.008，且均在 1%的水平上显著。这表明董事长与 CEO 任期交错确实可以抑制股价崩盘风险，符合本章假设 2 的预期。

表 4-13　董事长与 CEO 任期交错对股价崩盘风险的影响

变量	$Ncskew_t$	$Duvol_t$
$Dtdc_{t-1}$	-0.007*** (-2.63)	-0.008*** (-2.91)
$First_{t-1}$	-0.001*** (-2.93)	-0.001*** (-2.60)
Ret_{t-1}	2.136*** (5.58)	1.888*** (5.26)
$Sigma_{t-1}$	12.018*** (5.70)	9.988*** (5.12)
Roa_t	0.074 (0.42)	-0.106 (-0.60)
Btm_{t-1}	-0.097*** (-5.94)	-0.092*** (-5.84)
Lev_{t-1}	0.038 (0.85)	-0.002 (-0.04)
$Size_{t-1}$	-0.010 (-1.16)	-0.009 (-1.10)
$Turnover_{t-1}$	-0.008 (-0.28)	0.001 (0.03)
$Absacc_{t-1}$	0.153 (1.57)	0.107 (1.10)
$Comp_{t-1}$	0.000 (0.17)	0.000 (0.23)
$Cons$	0.034 (0.16)	0.004 (0.02)
时间	有	有
行业	有	有
N	11898	11898

注：***、**、*分别表示在1%、5%和10%水平上显著，括号中是经过 White 异方差修正后的 t 值，以下类同。

（2）董事长与 CEO 任职先后顺序及共事时间对回归结果的影响

与 CEO 与 CFO 任职交错相同，董事长与 CEO 的任期也有先后之分，同时，二者的共事时间也有长短之分，那么上述两种因素能否影响本节实证结论呢？鉴于此，与前一节类似，本节也分别构建了 *Dtdc*1（当董事长任职早于 CEO 时，*Dtdc*1 等于董事长任职年限减去 CEO 任职年限，二者任职时间相同时，取 0。）和 *Dtdc*2（当董事长任职晚于 CEO 时，*Dtdc*2 等于 CEO 任职年限减去董事长任职年限，二者任职时间相同时，取 0。）两个变量来代表董事长与 CEO 任期交错指标，以检验二者任职先后顺序是否可以影响二者任期交错程度对股价崩盘风险的影响。同时，沿用前一节的方法，我们在回归模型中引入交互项 *Dtdc* × *Gstime* 来检验二者共事时间是否会削弱二者任期交错对股价崩盘风险的抑制作用。其中，*Gstime* 代表董事长与 CEO 的共事年限。表 4.14 展示了上述回归结果。

结果显示，首先，当董事长任职早于 CEO 时，如果以 *Ncskew* 作为被解释变量，*Dtdc*1 的系数为-0.02，显著性水平接近 10%；如果以 *Duvol* 作为被解释变量，该系数为-0.028，在 10%水平上显著。其次，*Dtdc*2 的系数分别为-0.04 和-0.037，均在 5%水平上显著。以上回归结果表明，无论董事长与 CEO 任职先后顺序如何，二者任期交错均可以抑制股价崩盘风险，这在一定程度上说明本章实证结论是稳健的。

结果还显示，*Dtdc* 的系数分别为-0.002 和-0.003，但在统计上并不显著。然而，交互项 *Dtdc* × *Gstime* 的系数分别为-0.003 和-0.002，而且均在 5%水平上显著。同时，*Dtdc* 与 *Dtdc* × *Gstime* 的系数之和均在 5%水平上显著，这说明，董事长与 CEO 任期交错对股价崩盘风险的总效应显著为负。以上结果表明，董事长与 CEO 共事时间的增加，不会削弱二者任期交错对股价崩盘风险的抑制作用。

总之，上述结果表明，董事长与 CEO 任职顺序以及共事时间均不会影响二者任期交错对股价崩盘风险的抑制作用。

表 4-14 董事长与 CEO 任职先后顺序及共事时间对回归结果的影响

变量	$Ncskew_t$	$Duvol_t$	$Ncskew_t$	$Duvol_t$	$Ncskew_t$	$Duvol_t$
	区分二者任职先后顺序				考虑共事时间	
$Dtdc1_{t-1}$	-0.020 (-1.37)	-0.028* (-1.94)				
$Dtdc2_{t-1}$			-0.041** (-2.59)	-0.037** (-2.40)		
$Dtdc_{t-1}$					-0.004 (-1.18)	-0.005 (-1.60)
$Dtdc \times Gstime_{t-1}$					-0.002** (-2.10)	-0.002** (-2.03)
$First_{t-1}$	-0.002*** (-3.12)	-0.001*** (-2.76)	-0.002*** (-3.08)	-0.001*** (-2.76)	-0.001*** (-3.05)	-0.001*** (-2.69)
Ret_{t-1}	1.816*** (4.02)	1.529*** (3.64)	2.143*** (4.93)	1.915*** (4.76)	2.124*** (5.54)	1.888*** (5.22)
$Sigma_{t-1}$	10.691*** (4.34)	8.481*** (3.74)	11.990*** (4.89)	10.033*** (4.51)	11.945*** (5.65)	9.927*** (5.08)
Roa	0.128 (0.63)	-0.002 (-0.01)	0.350* (1.66)	0.176 (0.85)	0.068 (0.38)	-0.113 (-0.63)
Btm_{t-1}	-0.102*** (-5.40)	-0.095*** (-5.29)	-0.084*** (-4.25)	-0.080*** (-4.24)	-0.096*** (-5.91)	-0.091*** (-5.81)
Lev_{t-1}	0.020 (0.39)	-0.025 (-0.51)	0.049 (0.90)	0.015 (0.28)	0.040 (0.90)	-0.000 (-0.00)
$Size_{t-1}$	-0.006 (-0.63)	-0.006 (-0.64)	-0.015 (-1.49)	-0.014 (-1.48)	-0.010 (-1.13)	-0.009 (-1.10)
$Turnover_{t-1}$	0.009 (0.28)	0.013 (0.40)	-0.012 (-0.34)	-0.002 (-0.05)	-0.008 (-0.27)	0.001 (0.04)
$Absacc_{t-1}$	0.155 (1.41)	0.125 (1.15)	0.173 (1.50)	0.132 (1.15)	0.149 (1.53)	0.104 (1.07)

续表

变量	$Ncskew_t$	$Duvol_t$	$Ncskew_t$	$Duvol_t$	$Ncskew_t$	$Duvol_t$
	区分二者任职先后顺序				考虑共事时间	
$Comp_{t-1}$	-0.000 (-0.05)	0.000 (0.14)	0.000 (1.34)	0.000 (1.24)	0.000 (0.55)	0.000 (0.58)
Cons	0.003 (0.01)	0.002 (0.01)	0.208 (0.87)	0.191 (0.82)	0.044 (0.20)	0.016 (0.08)
时间	有	有	有	有	有	有
行业	有	有	有	有	有	有
N	9238	9238	8572	8572	11898	11898

4.2.3.5 稳健性检验

与前一节相似，为了提高本节实证结果的稳健性，本节同样通过以下三种方法来进行稳健性检验：

（1）采用董事长与CEO任期交错的其他度量方法

本节采用哑变量 *Dumdtdc* 作为董事长与 CEO 任期交错指标，其中，当企业存在董事长与总经理任期交错时，取值为“1”，否则为“0”。表4-15第2~3列列出了当把 *Dumdtdc* 作为解释变量引入回归模型后的回归结果。结果显示，无论是以 *Ncskew* 还是 *Duvol* 作为股价崩盘风险指标，*Dumdtdc* 的回归系数的估计值均显著为负，这表明，存在董事长与 CEO 任期交错的企业发生股价崩盘的风险确实比不存在董事长与 CEO 任期交错的企业低。以上实证结论同样支持本章假设2的预期。

（2）进一步引入必要的控制变量

与前一节相似，本节在回归模型中引入董事长的任职年限（*Chatime*）和总经理的任职年限（*Ceotime*）两个控制变量以确保回归结果的精确性。表4-15第4~5列给出了回归结果，结果显示，无论是以 *Ncskew* 还是 *Duvol* 作为股价崩盘风险指标，*Dtdc* 回归系数的估计值均在1%的水平下显著为负。这表明，在控制了董事长与总经理任职年限后，董事长与总经理任期交错对股价崩盘风险的抑制作用依然显著。

此外，当在模型中引入董事长与总经理之间的年龄差异变量（*Dage*）和性别差异变量（*Dsex*）后，*Dtdc* 的估计系数均为-0.007，分别在 5%和 1%的水平上显著（见表 4-15 第 6~7 列）。这表明，即使是控制了董事长与总经理之间的年龄差异和性别差异，董事长与总经理任期交错也仍然可以显著地抑制股价崩盘风险。

以上结论表明，本节研究结论并非由于遗漏控制变量所致，本节研究结论是稳健的。

表 4-15　基于董事长与总经理任期交错不同测度方法的稳健性检验结果

	哑变量回归		引入更多控制变量			
变量	$Ncskew_t$	$Duvol_t$	$Ncskew_t$	$Duvol_t$	$Ncskew_t$	$Duvol_t$
$Dumdtdc_{t-1}$	-0.029** (-2.37)	-0.032*** (-2.65)				
$Dtdc_{t-1}$			-0.008*** (-2.76)	-0.008*** (-3.00)	-0.007** (-2.44)	-0.007*** (-2.67)
$First_{t-1}$	-0.001*** (-2.85)	-0.001** (-2.51)	-0.001*** (-3.02)	-0.001*** (-2.63)	-0.001*** (-2.91)	-0.001*** (-2.60)
Ret_{t-1}	2.142*** (5.60)	1.895*** (5.28)	2.130*** (5.56)	1.885*** (5.25)	2.164*** (5.64)	1.921*** (5.34)
$Sigma_{t-1}$	12.052*** (5.71)	10.025*** (5.14)	11.977*** (5.67)	9.963*** (5.10)	12.168*** (5.76)	10.169*** (5.20)
Roa_t	0.075 (0.42)	-0.106 (-0.60)	0.074 (0.41)	-0.107 (-0.60)	0.077 (0.43)	-0.106 (-0.60)
Dtm_{t-1}	-0.096*** (-5.90)	-0.091*** (-5.79)	-0.097*** (-5.94)	-0.092*** (-5.84)	-0.097*** (-5.91)	-0.092*** (-5.83)
Lev_{t-1}	0.037 (0.82)	-0.003 (-0.07)	0.038 (0.84)	-0.002 (-0.05)	0.035 (0.78)	-0.006 (-0.12)

续表

	哑变量回归		引入更多控制变量			
变 量	$Ncskew_t$	$Duvol_t$	$Ncskew_t$	$Duvol_t$	$Ncskew_t$	$Duvol_t$
$Size_{t-1}$	-0.010 (-1.27)	-0.010 (-1.22)	-0.009 (-1.13)	-0.009 (-1.08)	-0.009 (-1.08)	-0.008 (-0.95)
$Turnover_{t-1}$	-0.008 (-0.28)	0.001 (0.03)	-0.008 (-0.26)	0.001 (0.04)	-0.008 (-0.27)	0.001 (0.04)
$Absacc_{t-1}$	0.156 (1.60)	0.110 (1.14)	0.148 (1.52)	0.104 (1.08)	0.148 (1.51)	0.101 (1.04)
$Comp_{t-1}$	0.000 (0.09)	0.000 (0.14)	0.000 (0.32)	0.000 (0.33)	0.000 (0.17)	0.000 (0.22)
$Ceotime_{t-1}$			-0.004* (-1.75)	-0.003 (-1.13)		
$Chatime_{t-1}$			0.003 (1.20)	0.002 (0.84)		
$Dage_{t-1}$					-0.001 (-1.38)	-0.002 (-1.64)
$Dsex_{t-1}$					-0.019 (-0.77)	-0.009 (-0.38)
Cons	0.053 (0.25)	0.025 (0.12)	0.034 (0.16)	0.005 (0.02)	0.033 (0.16)	-0.008 (-0.04)
时间	有	有	有	有	有	有
行业	有	有	有	有	有	有
N	11898	11898	11898	11898	11848	11848

（3）考虑样本选择的影响

本部分的实证结论同样可能受到样本选择期的影响。在剔除2006—2008年以及2015—2016年的样本数据后，本节以2009—2014年为样本期重新测试本章实证结果，结果见表4-16。由表4-16可知，当分别以*Ncskew*和*Duvol*作为股价崩盘风险的度量变量时，*Dtdc*的系数分别为-0.008和-0.009，并且分别在5%和1%的水平下显著。这说明，即使排除上述两个时间段的系统性干扰后，董事长与CEO任期交错也仍可以抑制股价崩盘风险，与本节假设预期一致，说明了本节实证结论的稳健性。

表 4-16 考虑样本选择影响后的检验结果

变量	$Ncskew_t$	$Duvol_t$
$Dtdc_{t-1}$	-0.008** (-2.26)	-0.009*** (-2.76)
$First_{t-1}$	-0.001 (-1.47)	-0.001 (-1.01)
Ret_{t-1}	3.085*** (6.18)	2.627*** (5.63)
$Sigma_{t-1}$	17.208*** (6.50)	13.936*** (5.67)
Roa_t	0.321 (1.39)	0.112 (0.50)
Btm_{t-1}	-0.125*** (-6.25)	-0.127*** (-6.59)
Lev_{t-1}	0.029 (0.51)	-0.003 (-0.06)
$Size_{t-1}$	-0.001 (-0.11)	0.002 (0.20)
$Turnover_{t-1}$	-0.020 (-0.58)	-0.012 (-0.35)
$Absacc_{t-1}$	0.209* (1.74)	0.126 (1.07)
$Comp_{t-1}$	0.000* (1.68)	0.000 (1.24)
Cons	-0.795*** (-3.18)	-0.877*** (-3.66)
时间	有	有
行业	有	有
N	7860	7860

4.2.3.6 内生性讨论

本节实证结论同样存在内生性问题。沿用前节的方法，本节也将采用工具变量法来克服潜在的内生性问题。

本节选择每一年同行业同地区其他企业董事长与 CEO 任期交错程度的均值作为本章核心解释变量的工具变量。选择依据与前一节中 CEO 与 CFO 的工具变量相似，在此不再赘述。检验结果见表 4-17。

首先，第一阶段回归显示，Wald F 值为 105.69，在 1%的水平上显著，说明所选工具变量与 *Dtdc* 的相关性很强，不存在弱工具变量问题。*Meandc* 的估计系数显著为正，说明同行业同地区其他企业董事长与 CEO 任期交错程度与本企业正相关，与预期一致。其次，第二阶段回归结果显示，*Dtdc* 的技术均显著为负，说明即便排除逆向因果关系的可能性后，董事长与 CEO 任期交错也仍可以抑制企业股价崩盘风险，进一步印证了本章假设预期的准确性。

表 4-17 工具变量法回归结果

	第一阶段回归	第二阶段回归	第二阶段回归
变量	$Dtdc_t$	$Ncskew_t$	$Duvol_t$
$Dtdc_{t-1}$		-0.064** (-2.08)	-0.060** (-2.00)
$Meandc_{t-1}$	0.159*** (8.96)		
$First_{t-1}$	-0.005*** (-3.23)	-0.002*** (-3.38)	-0.001*** (-3.12)
Ret_{t-1}	-1.809* (-1.66)	1.990*** (4.72)	1.755*** (4.44)
$Sigma_{t-1}$	-12.736** (-2.10)	11.530*** (4.72)	9.508*** (4.41)

续表

	第一阶段回归	第二阶段回归	第二阶段回归
变量	$Dtdc_t$	$Ncskew_t$	$Duvol_t$
Roa_t	-1.718*** (-2.82)	0.004 (0.02)	-0.184 (-0.91)
Btm_{t-1}	0.146*** (2.60)	-0.093*** (-5.02)	-0.090*** (-5.02)
Lev_{t-1}	0.665*** (4.24)	0.084 (1.59)	-0.035 (-0.67)
$Size_{t-1}$	0.108*** (3.51)	-0.002 (-0.19)	-0.001 (-009)
$Turnover_{t-1}$	0.248** (2.56)	0.008 (0.24)	0.015 (0.47)
$Absacc_{t-1}$	-0.447 (-1.31)	0.174 (1.62)	0.134 (1.26)
$Comp_{t-1}$	0.000*** (3.05)	0.000 (0.67)	0.000 (0.71)
$Cons$	-1.499** (-2.23)	-0.110 (-0.45)	-0.156 (-0.66)
时间	有	有	有
行业	有	有	有
N	10240	10240	10240
调整后 R^2		0.05	0.05
Wald F 值	105.69***		

4.3 本章小结

本章以我国 2001—2016 年 A 股上市公司为样本，考察了管理层任期异质性对股价崩盘风险的影响。在研究过程中，我们分别选择 CEO 与 CFO

任期交错以及董事长与CEO任期交错作为管理层任期异质性的代理变量，并分别对这二者与股价崩盘风险之间的关系进行了理论分析和实证检验。

针对CEO与CFO任期交错与股价崩盘风险的研究，本章发现，CEO与CFO任期交错可以抑制股价崩盘风险，经过稳健性检验后，结果依然成立。同时，在考察董事长与CEO任期交错与股价崩盘风险之间关系的过程中，我们同样发现，董事长与CEO任期交错也可以显著地抑制股价崩盘风险。

5 管理层任期异质性对股价崩盘风险影响的内在机制

前一章的结论表明，管理层任期异质性可以抑制股价崩盘风险，那么这二者之间的关系的内在机制如何呢？本章将回答这个问题。本章首先分别考察 CEO 与 CFO 任期交错以及董事长与 CEO 任期交错对管理者代理行为与过度自信行为的影响。其次，分别考察管理者代理与过度自信对股价崩盘风险的影响。最后，利用中介效应分析法，检验管理层任期异质性影响股价崩盘风险的内在机制。

5.1 管理层任期异质性对管理者代理和过度自信的影响

5.1.1 理论分析

（1）CEO 与 CFO 任期交错对管理者代理和过度自信的影响

CEO 的代理行为和过度自信行为的实施，大部分情况下需要 CFO 的配合才能实现。因此，其作用只有 CEO 与 CFO 达成一致意见时，CEO 的自利性行为和非理性行为才能付诸实施。或者说，CEO 与 CFO 形成合谋关系是 CEO 采取代理行为和过度自信行为的前提。鉴于 CEO 与 CFO 任期交错会使二者缺乏社会认同感，从而降低了二者的交流频率和信任程度。这种沟通障碍和不信任，一方面，可以避免二者合谋抑制代理问题；另一方面，也可以抑制因 CEO 过度自信引发的风险。具体分析如下：

首先，隐瞒企业财务信息通常是CEO为掩盖代理行为所采取的重要手段。Bergstresser和Philippon（2006）的研究发现，CEO出于薪酬契约、职业生涯等自利性诉求考虑，有隐瞒公司财务信息的动机。但由于CFO是企业财务信息披露的直接负责人，对财务信息质量有重要的影响，其作用甚至大于CEO（Jiang等，2010）。因此，CEO与CFO能否达成一致意见对财务信息隐瞒这种代理行为的实施是至关重要的。CEO和CFO任期交错会导致二者认同感的缺失，由此造成的不信任很难使二者达成一致意见。在这种情况下，如果CEO出于自身利益考虑，企图隐瞒企业坏消息，CFO就会选择不配合，从而避免了CEO的代理行为。但是当CEO和CFO任期相同时，共同的认同感会使他们的交流频率高并形成信任感，因此，达成一致意见的可能性增加，从而合谋隐瞒财务信息的机会增大，进而加剧了CEO代理行为。

其次，非效率投资通常也是代理问题和CEO过度自信的重要表现，这种行为同样只有在CFO的配合下才能实现。首先，从代理冲突的角度讲，CEO出于薪酬企业以及“帝国构建”等自利性动机考虑，往往试图投资一些净现值为负的项目，从而导致过度投资（Jensen，1986）。其次，即使CEO不存在利己动机，在过度自信的驱使下，也经常会投资一些净现值为负的项目，造成过度投资。CFO作为企业的资源管理者和价值管理者，负有战略支持和监督控制这两项职责（Geiger等，2006），CEO提出的任何投资议案，都需在CFO的支持和配合下才能执行。因此，CEO与CFO能否达成一致意见决定着非效率投资能否被执行。CEO与CFO任期交错造成的二者之间的沟通障碍和不信任使二者难以合谋形成一致意见。具体地，如果CEO与CFO任期不一致，那么当CEO出于自利性动机或因过度自信提出不合理的投资议案时，CFO出于职业生涯和名誉保护考虑，不会与CEO合谋，会及时制止非效率投资行为。因此，一方面约束了CEO的代理行为，另一方面也避免了 CEO 过度自信。反之，如果 CEO 与 CFO 任职期限相同，那么二者会在共同认同感的作用下形成“默契”关系，很容易达成一致意见。此时，如果 CEO 提出利己的投资议案，或是明显不科学的投资决策，CFO 很容易与之合谋，进行非效率投资，加剧 CEO 的代理行为和过度自信行为。综上所述，提出本章第一个假设：

假设 1：CEO 与 CFO 任期交错可以抑制管理者代理行为和过度自信行为。

（2）董事长与 CEO 任期交错对管理者代理与过度自信的影响

依照前文分析，企业为了避免管理者的代理行为和过度自信行为，建立了董事制度，期待利用董事的专业知识对管理者加以监督。然而，董事制度这种监督作用的发挥却常常受到董事与管理者之间关系的影响。例如，本书所关注的董事长与 CEO，根据董事制度的构架理念，董事长应该对 CEO 起到监督作用，使二者形成监督与被监督关系，以避免后者在经营活动中采取代理行为和过度自信行为。然而，事实却证明，在许多情况下，董事长与 CEO 之间表现为合谋关系而非监督关系，从而加剧了 CEO 的代理行为和过度自信行为。因此，如何促使董事长与 CEO 之间形成监督关系，避免 CEO 的代理行为和过度自信行为是必须要解决的问题。根据社会认同理论，董事长与 CEO 任期交错是可能促进二者之间形成监督关系，从而避免后者的代理行为和过度自信行为的。具体而言，当董事长与 CEO 任期一致时，二者比较容易形成认同感，比较容易交流并相互信任，很容易促使二者形成合谋关系，从而加剧代理问题和过度自信问题。当二者任期交错时，二者不容易形成认同感，在认同感缺失的情况下，二者交流频率下降而且很难互相取得信任，从而使二者之间的关系表现为监督与被监督的关系。如此，当 CEO 出于个人利益所求，采取有损股东利益的自利行为，亦或是在非理性状态下，采取过度自信行为时，董事长都会积极制止，从而降低了代理冲突和过度自信问题，最终保护了投资者利益。依照以上分析，本章提出第 2 个假设：

假设 2：董事长与 CEO 任期交错会促使二者之间形成监督与被监督的关系，从而可以抑制 CEO 的代理行为和过度自信行为。

5.1.2　变量选取

（1）代理问题

依据 Jensen 和 Meckling（1976）对代理成本的定义，即代理成本是由代理问题所导致的企业所有者的利益损失以及为解决代理问题所发生的成本，具体包括监督成本、约束成本以及剩余损失。目前关于代理问题的研究文献中，学者根据不同的研究需要采用了多种不同的度量方式，从指标构建的思路上看，大体包括以下四种：

第一，利用企业公司治理强度来度量企业代理成本。Florackis 和 Ozkan（2009）认为，企业的公司治理水平直接影响着企业的代理成本，企业的公司治理水平越强，代理成本越轻微；反之，如果企业公司治理水平比较弱，则代理成本越严重。Florackis 和 Ozkan（2009）有其合理性，因为依据现代公司治理理论，营造良好的公司治理环境，的确是缓解企业代理问题的主要手段。然而，一方面，企业的公司治理水平不仅会影响企业的代理问题，还会影响企业管理者的过度自信行为等问题；另一方面，企业代理成本的高低也并非由企业公司治理水平完全决定，因此，试图用企业公司治理水平来度量企业代理成本显然是不准确的。

第二，采用企业投资前后企业市场价值或经营绩效的变化来间接地度量企业代理成本。Morck 等（1989）认为，企业管理者的代理行为必然会带来企业绩效的下滑或市场价值的下挫，因此，通过比较投资前后企业经营绩效和市场价值的变动，就可以度量代理成本的高低。该种思路有一定的合理性，因为管理者的确可能因代理问题进行非效率投资，这必然会影响企业的经营绩效和市场价值。然而，该度量方式最大的局限性在于缺乏准确性，因为导致企业经营绩效下降和市场价值滑落的原因不止是管理者代理问题，诸如企业生命周期、市场环境以及宏观经济环境等因素都会导致企业经营绩效和市场价值的下降。

第三，利用代理行为给企业管理者带来的收益来度量代理成本。陈冬华等（2005）就采用企业管理者的在职消费来度量代理成本。他们将与企业管理者在职消费直接相关的费用分为 8 类，即通信费、业务招待费、办公费、差旅费、小车费、会议费、董事会费以及出国培训费，认为这些费用项目容易成为企业管理者谋取私人利益的捷径。我国《会计法》规定，当上述 8 项费用达到一定额度后，就必须在企业财务报表附注中的“支付的其他与经营活动有关的现金流量”项目中披露，因此，陈冬华等（2005）便通过查阅我国上市公司财务报表附注中的上述项目来获取以上 8 项费用的数据，并将之加总以构建管理者在职消费指标。直接用管理者在职消费来度量企业代理成本从理论上讲是最准确、最直接的一种方式，但是正如陈冬华等（2005）在文献中提到的“在职消费信息可获得性的限制，对该领域的经验研究造成了一定的局限性”。

第四，根据代理问题给企业带来的成本支出和效率损失直接度量企业代理成本。例如，Ang 等（2000）直接用管理费用率来作为企业代理成本的度量变量，以测度因企业代理问题所导致的监督成本、担保成本以及因管理者过度在职消费而产生的成本。该指标的具体计算方式为：企业管理费用与销售收入的比值。所谓管理费用是指企业的行政管理部门为了组织和管理日常经营活动所产生的各项费用，包括办公费、业务招待费、通信费以及差旅费等，主要由企业管理层在工作过程中产生的在职消费组成。

根据本书研究需要，我们将采用企业代理成本的直接测度指标——管理费用率来度量企业管理者代理行为的强弱。选择该种度量方式的原因有两方面，一是采用企业代理成本的直接测度指标可以有效地剔除其他因素的干扰；二是无论是管理费用还是销售收入指标，企业在各期财务报表中都会披露，因此数据比较容易获得。鉴于此，本章借鉴 Ang 等（2000）和李云鹤（2014）的做法，采用管理费用率（*Agency*）来度量管理者代理行为。由于企业管理费用是企业收支项目中定义最模糊和外延性最广的项目，其能有效度量管理层的在职消费和不当支出等代理成本（李云鹤，2014）。

（2）过度自信问题

行为金融学理论将管理者过度自信定义为，当企业管理者面临不确定性的环境时，所导致的一种投资决策上的行为偏差。通常管理者会高估自己的投资能力和对未来不确定性的把控能力，而低估投资项目潜在的风险。依据上述定义，现有相关文献在管理者过度自信指标的构建上，存在如下四种观点：

一是用消费者情绪指数来代表企业管理者的过度自信程度（Oliver，2005）。美国密歇根大学通过电话访问的形式定期对美国消费者进行调查，以了解美国消费者对当前经济形势的感受以及对经济未来发展态势的预期，并以此为基础编制成指数，这一指数便是消费者情绪指数。以该指数来度量企业家的过度自信程度受到后来学者的质疑（余明桂等，2006）。余明桂等（2006）认为，由于视角和信息掌握程度的差异，企业管理者与消费者在对经济情况的判断上势必会存在一定差异，因此，用消费者情绪来代表企业管理者的过度自信程度偏差较大。

二是利用企业景气指数来度量企业管理者的过度自信程度（余明桂等，2006）。企业景气指数是以企业管理者对当前企业生产经营状况以及对企业未来发展预期的判断为基础编制的指数，又称为企业生产经营综合景气指数，由国家统计局每季度公布一次。该指数取值范围为0~200，以100为临界点，当指数大于100时，代表企业管理者对未来经济发展态势偏向乐观；当指数小于100时，说明企业管理者对经济发展形势比较悲观。该指数有一定的合理性，但由于该指数是以企业管理者对行业发展情况的预期和判断，并非对单个企业的评价，而且只有季度数据没有年度数据，因此不适合本章研究。

三是根据企业年度业绩预测是否变更来度量企业管理者的过度自信水平（余明桂等，2006；李云鹤，2014）。1998年开始，我国开始推出企业业绩预测制度，后来经历多次修改和完善。利用该方法构建企业管理者过度自信程度的具体步骤为：首先，将企业管理者对企业未来业绩水平划分为略增、扭亏、续盈、预增、略减、首亏、续亏以及预减，其中前四种为乐观预期，后四种为悲观预期。通常以前四种乐观预期为研究样本，如果事后证明企业的实际业绩水平低于预期，则认为企业管理者过度自信。该种方法虽然被许多研究应用（余明桂等，2006；姜付秀等，2009；李云鹤，2014），但也至少存在如下两种缺陷：①企业所披露的业绩预测信息发生变脸情况，并不一定是企业管理者过度自信所致，当企业存在融资需求、与投资机构合谋蓄意抬高股价等情况时，可能会故意粉饰经营业绩数据，这种情况下发生的业绩预测与实际业绩的偏差就不能归结于管理者过度自信。②企业在披露业绩预测信息时，经常会出现“较大提升”或“较大幅度”等模糊字眼，很难将其归结到制度规定的8种类型中，大大影响了该方法的准确性。

四是以在行权期内，企业管理者是否对所持有的企业股票期权行权为判断标准来衡量企业管理者过度自信的程度（Malmendier和Tate，2005）。Malmendier和Tate（2005）认为，对于持有企业股票和看涨期权的管理者而言，如果在行权期内，企业股票价格明显高于行权价格，但管理者仍然不行权或卖出所持有的股票，此时这些管理者以自己的私人财产为赌注，显然他们对企业的发展前景非常有信心。然而 Malmendier 和 Tate（2005）却发现，有很好的行权机会而不行权的管理者所在的企业往往与本公司股票的未来超额回报并不存在显著的相关关系，因此，他们将有很好的行权机会而不行权的管理者归类为过度自信者，并以此来构建管理者过度自信指标。该方法虽然可以比较精确地度量管理者的过度自信水平，但由于我国期权市场并不完善，相关数据还比较缺乏，因此该方法在我国的相关研究中并未得到广泛采用。

综合考虑本书研究需要和数据可得性等因素，参照 Malmendier 和 Tate（2005）的做法，本章采用管理者持股变化作为高管过度自信的度量指标。在我国现有的制度背景下，相关法律法规对我国企业管理者持有本公司的股票具有相当严苛的限制。对于企业管理者而言，从分散个人投资风险的角度讲，更多地持有非本公司股票应该是更加理性的选择。如果在这种情况下，仍坚持增加对本公司股票的持有量，而不进行分散投资，则说明企业管理者对本公司未来发展非常自信。因此，本章将通过如下程序界定管理者过度自信指标，即如果在样本期内，某公司高管不是因为分红或业绩股导致的持股增加，则认为高管过度自信，取值为 1，否则为 0。

（3）控制变量

公司规模。由李维安和武立东（1999）以及周新军（2007）提出的公司规模与公司治理边界的理论可以解释公司规模与企业代理成本的关系。他们认为，企业管理与治理是两个不同的概念。企业管理主要指的是企业的生产经营活动，而公司治理指的是如何降低由管理权与所有权分离导致的代理成本。企业管理和公司治理同时存在于企业中，但二者的作用和被重视程度在不同规模的企业中却是不同的。当企业规模较小时，企业更关心如何生存以及如何发展，代理问题并非是其关注的主要问题，因此，比较重视管理而非治理。随着企业规模的扩大，代理成本成为其不得不关注的问题，企业会把关注重心从管理转移到治理。随着完善的运营机制、激励机制和监督机制的建立，高水平的治理结构得以形成，便可以有效降低因两权分离导致的代理成本。因此，公司规模的增加应该可以降低企业代理成本。鉴于此，本章将公司规模作为控制变量引入实证模型。

资产收益率。资产收益率的高低代表企业的经营绩效。综观现有关于企业经营绩效与代理成本的关系的文献，学者们大多关注的是代理成本如何影响企业经营绩效，而很少探讨二者之间的反向关系。然而几乎所有关于如何降低企业代理成本的研究，均把企业经营绩效作为控制变量引入回归模型中（叶康涛和刘行，2014）。这其中的原因在于，虽然企业经营绩效不能对代理成本产生直接影响，但经营绩效比较好的企业往往具有完善的公司治理结构，公司治理水平比较高。由于高水平的公司治理水平可以有效抑制代理成本，因此，企业经营绩效可以通过公司治理间接地影响企业代理成本。鉴于企业经营绩效对企业代理成本的间接作用，我们将其引入本章的回归模型中，作为控制变量。

大股东持股比例。针对大股东持股对代理成本的影响的研究，目前学术界存在两种截然不同的观点。传统观点认为，大股东会利用控制权谋取私利并损害小股东的权益，即所谓的“掏空”（La Porta 等，1999；Johnson 等，2000）。基于掏空理论，随着大股东持股比例的增加，其可掌握更大的控制权，因此更加容易实施掏空行为，损害中小股东的利益。从这一角度讲，大股东持股比例的增加应该会加剧代理成本。然而，目前比较流行的观点认为，提高大股东的持股比例可以增强大股东监督的主观能动性。例如，Grossman 和 Hart（1980）认为，比较集中的股权结构，通过赋予大股东比较高的剩余索取权，可以提高其对管理者监督的主观意识，从而可以缓解管理者与股东之间的代理问题。相对而言，股权比较分散的企业，各个股东之间存在“搭便车”行为，对经理人的监督作为一种公共品，在这类企业中存在供给不足的现象，因此股权分散往往会加剧代理问题。Shleifer 和 Vishny（1986）指出，大股东持股比例越高，其越有动力去监督管理者的利己主义行为。王化成等（2015）的研究认为，提高大股东持股比例可以激发其对管理者的“监督效应”，从而降低股东与管理者间的代理成本。鉴于大股东持股的上述作用，本章将大股东持股比例作为控制变量引入模型中。

董事会规模。综观现有关于董事会规模的治理效果的文献，大多认为过大的董事会规模不利于董事会治理效应的发挥（Amihud 和 Lev，1981；Lipton 和 Lorsch，1992），从而不利于降低企业代理成本。造成大规模董事会低效率的原因有两点，即“搭便车”问题和沟通协调问题。一方面，单个董事对董事会决策的影响会随着董事会规模的增加而减小。因为随着董事会成员的增加，董事们的意见很容易被其他董事的观点干扰和冲击，所以其影响力也在减小。此外，随着董事会规模的增加，单个董事所承担的责任也在减少，即不监督经理人的成本在减少。总之，出于“搭便车”心理，随着董事会规模的扩大，单个董事对经理人的监督意愿在降低，从而可能加剧代理成本。另一方面，由于每一个董事对同一问题都有不同的见解，整个董事会统一决策的形成过程，就是各个董事之间的沟通与妥协过程，因此，董事会规模越大，这种协调过程越复杂、越缓慢，从而降低了董事会对代理问题的监督效率。另外，也有观点认为，董事会规模对企业公司治理水平的影响是非线性的。Jensen（1993）发现，当董事会人数在 8 人以内时，董事会规模的增加可以提高企业公司治理水平；当董事会人数超过 8 人时，董事会规模的增加则不利于治理水平的提高。陆智强和李红玉（2012）认为，如果董事会规模太小，那么董事会容易形成寡头政治，不能完全代表股东利益；反之，如果董事会规模太大，又存在效率低下问题。综观现有关于董事会规模的研究，虽不能确定其对代理问题的影响方向，但其对代理问题的影响作用是存在的，鉴于此，本章将董事会规模作为控制变量引入模型中。

独立董事占比。Fama 和 Jensen（1983）指出，独立董事（外部董事）被授以监督、考核、奖惩和选择企业的管理层成员的职能，通过缓解管理者与股东之间的代理冲突来维护企业的利益。出于声誉考虑，与企业没有关联的独立董事，因其更高的客观性能够发挥更高效的监督作用，从而可以显著地削弱企业的代理成本。基于上述理论分析，独立董事比例的提升应该可以缓解代理问题，然而，这一论断却遭到一些学者的质疑。一些研究认为，由于独立董事与管理层之间存在信息不对称，因此，大多数情况下，独立董事不会在董事会上公开对管理层提出质疑，其监督作用不能得以发挥（Jensen，1993；Yun 和 Shin，2004）。在我国，甚至有学者发现独立董事对代理问题有促进作用。邓可斌和周小丹（2012）发现，独立董事比例与企业违规呈正相关关系，表明独立董事的引入，代理成本不但没有缓解，反而加剧了。究其原因，一方面，在我国，独立董事的聘用主要是大股东的意志体现，二者可能合谋损害中小股东的利益；另一方面，企业聘用独立董事更多看中的是其人脉关系，而不是为了让其监督管理层。基于上述分析，独立董事对企业代理成本的作用既可能为正，也可能为负，出于稳健性考虑，本章将其引入模型中，作为控制变量。

董事长与 CEO 是否两职合一。依据 Fama 和 Jensen（1983）的观点，董事制度能够缓解管理层与股东之间代理问题的前提是董事的独立性。董事长与 CEO 两职分离显然有利于董事的独立性的形成，从而抑制以 CEO 为首的企业管理层的代理行为。如果董事长与 CEO 两职合一，兼任董事长的 CEO 将掌握企业的最高领导权，使企业管理层凌驾于董事会之上，极大地制约董事会对管理层的监督和惩戒作用，降低管理层谋取私利的机会成本，从而损害股东的利益（李建标等，2016）。此外，也有学者通过实证分析证明董事长与 CEO 两职合一确实存在弊端。例如，孙铮等（2001）发现，相对于董事长与 CEO 两职分离的企业，两职兼任的企业的业绩更差。Bal 等（2004）发现，董事长与 CEO 两职兼任不利于企业价值提升。综合考虑上述分析，董事长与 CEO 是否兼任应该对企业代理问题有显著影响，因此，本章将该因素作为控制变量引入模型。

高管持股比例。由于代理问题本质上就是企业管理层与股东利益不一致导致的一系列不良经营后果，因此，如何对管理层进行监督和激励，从而使其行为有利于股东利益最大化是现代公司治理研究的核心问题。通过给予高管一定数量的股权，作为一种薪酬激励手段，无疑是实现管理层与股东利益一致化的重要手段之一。鉴于此，20 世纪 90 年代以来，针对企业管理层的股权激励计划出现了迅速增长。然而，关于股权激励计划的效果优劣的问题，在学术界却没有一致的结论。一些研究认为，股权激励政策确实可以收到良好的公司治理效果。例如，Essid（2012）发现，高管持有股票期权可以有效降低盈余管理，可以作为控制会计违规行为的一种控制机制。另一些观点则认为，持有企业股票或股票期权的管理者，出于自利动机，可能会在股票市场上操控披露信息。例如，当管理者想要买入股票时，会刻意披露坏消息，以压低股票价格；反之，当管理者层想出售股票时，则可能粉饰财务数据（Cheng 和 Lo，2006）。鉴于上述分析，本着稳健性原则，本章将高管持股比例作为控制变量引入模型。

CEO 薪酬水平。除了以高管持股比例为代表的薪酬激励方式，CEO 的薪酬水平也可能会对企业管理者代理产生影响。国有企业在我国一直占据主导地位。国有企业 CEO 都具有行政色彩，他们充当着企业关键人的角色。在所有权缺位、薪酬总量限制等环境下，必然导致针对企业管理者的监督和激励的缺失，此时在私人利益的驱动下，掌握控制权的国企 CEO 往往会以权谋私。高辉（2006）等发现，1999—2002 年，我国国有企业中，CEO 的现金薪酬仅占在职消费的 10%，虽然随着高管持股等薪酬激励政策的发展，上述比例得到一定程度的缓解，但过度在职消费仍然是目前代理成本的主要部分。通过制度设计对国企 CEO 的权力加以控制，同时提供与其权力相当的薪酬待遇显然是解决在职消费这一典型代理成本的途径之一。鉴于上述分析，本章将 CEO 薪酬水平作为控制变量引入模型中。

CEO 任职期限和 CFO 任职期限。随着经理人市场的逐渐成熟，CEO 的声誉往往成为经理人市场判断 CEO 能力的重要标准。CEO 声誉又与 CEO 任期相关，CEO 在一家企业任期越长，证明其能力越受到董事会和股东的认可，其声誉越好。鉴于声誉对 CEO 的重要性，当 CEO 在某一公司任职时间较长时，随着其声誉已经受到业界认可，其对声誉的保护程度也逐渐提高，为了维护良好的声誉，CEO 通常不会轻易采取有损声誉的代理行为。然而良好的声誉并非与生俱来，在 CEO 任职之初，由于其能力有限，加之市场要通过业绩来判断其能力（Oyer，2008），因此，为了不被贴上"能力不足"的标签，CEO 往往会通过粉饰财务数据来证明自己的能力，以保住职位。因此，在任职之初，CEO 出于自身职业生涯考虑，可能会采取一些代理行为。通过上述分析，CEO 任期应该与代理问题之间存在正相关关系。然而，也有研究认为，随着 CEO 任职期限的增强，其在企业的权力越大，越不容易被监督，因此，CEO 任期越长，其代理行为或非理性行为越突出。鉴于上述分析，出于稳健性考虑，本章将 CEO 任职期限作为控制变量引入模型中。同时，也将 CFO 任职期限引入模型中，以期进一步提高实证结果的稳健性。

5.1.3 研究设计

为了检验管理层任期异质性能否缓解管理者代理问题和过度自信问

题，我们设计了模型（5-1）和模型（5-2）。

$$Agency_{i,t} = \alpha_0 + \alpha_1 Dtenure_{i,t} + \sum_k \alpha_k Control_{i,t-1}^k + YearDum + IndDum + \xi_{i,t} \tag{5-1}$$

$$Overcfd_{i,t} = \gamma_0 + \gamma_1 Dtenure_{i,t} + \sum_k \gamma_k Control_{i,t-1}^k + YearDum + IndDum + \xi_{i,t} \tag{5-2}$$

模型（5-1）检验了管理层任期异质性对企业代理问题的影响。其中，*Dtenure* 分别代表 CEO 与 CFO 任期交错（*Dtcc*）以及董事长与 CEO 任期交错（*Dtdc*）。如果管理层任期异质性可以抑制企业代理问题，那么会有 $\alpha_1 < 0$。

模型（5-2）考察了管理层任期异质性对管理者过度自信问题的影响，由于影响高管自利动机的公司财务因素和公司治理因素同样会影响高管的过度自信水平，因此，模型（5-2）的控制变量与模型（5-1）相同。如果管理层任期异质性可以缓解高管过度自信，那么系数 $\gamma_1 < 0$。

5.1.4 实证结果

5.1.4.1 CEO 与 CFO 任期交错对管理者代理和过度自信的影响

（1）基础回归

以 CEO 与 CFO 任期交错程度指标 *Dtcc* 为解释变量，以 *Agency* 和 *Overcfd* 为被解释变量，分别代表管理者代理和过度自信。同时，将其他可能对企业管理者代理和过度自信产生影响的指标作为控制变量引入模型中，得到的回归分析结果如表 5-1 所示。回归结果显示，当分别以 *Agency* 和 *Overcfd* 为被解释变量时，*Dtcc* 的回归系数分别为-0.001 和-0.007，并且分别在 5%和 1%的水平上显著。这说明，CEO 与 CFO 任期交错确实对企业的管理者代理行为和过度自信行为有抑制作用，而且这种抑制作用会随着 CEO 与 CFO 任期交错年限的增加而变得更加显著。

表 5-1　CEO 与 CFO 任期交错对管理者代理和过度自信的影响（基础回归）

变量	$Agency_t$	$Overcfd_t$
$Dtcc_t$	-0.001** (-2.20)	-0.007*** (-5.34)
$First_{t-1}$	-0.000*** (-8.15)	-0.001*** (-5.15)
Roa_t	-0.424*** (-12.32)	0.735*** (10.39)
$Size_{t-1}$	-0.024*** (-20.55)	-0.010*** (-2.84)
$Broadsize_t$	-0.000 (-0.42)	-0.004* (-1.81)
$Dual_t$	0.004* (1.68)	0.024** (2.25)
Ms_t	0.004 (0.52)	0.532*** (11.97)
$Dsize_t$	0.046*** (2.60)	-0.084 (-1.17)
$Ceotime_t$	0.001* (1.73)	0.002 (1.40)
$Cfotime_t$	0.000 (0.91)	-0.003*** (-2.97)
$Comp_{t-1}$	0.000*** (4.81)	0.000*** (2.97)
$Cons$	0.695*** (19.56)	0.420*** (5.52)
时间	有	有
行业	有	有
N	12192	11797

注：***、**、*分别表示在 1%、5%和 10%水平上显著，括号中是经过 White 异方差修正后的 t 值，以下类同。

（2）CEO 与 CFO 任期交错对管理者代理和过度自信的影响（区分交错方向）

由于变量 *Dtcc* 并未考虑 CEO 与 CFO 之间在任职期限上的先后顺序，因此，这种先后顺序的差异能否影响二者任期交错对管理者代理和过度自信的抑制作用有待进一步检验。为此，本章构建了 *Dtcc*1 和 *Dtcc*2（变量构建方法见第 4 章）两个变量来代表 CEO 与 CFO 任期交错指标，以检验二者任期交错方向是否可以影响二者任期交错程度对管理者代理和过度自信的影响。

检验结果见表 5-2。结果显示，当 CEO 任职早于 CFO 时，如果分别以 *Agency* 和 *Overcfd* 来代表企业管理者代理程度和过度自信程度作为被解释变量，那么 *Dtcc*1 的回归系数分别为-0.001 和-0.007，并且分别在 5%和 1%的水平上显著为负（见表 5-2 第 2~3 列）。这表明，当 CEO 任职早于 CFO 时，二者任期交错是可以缓解企业的管理者代理问题和过度自信行为的。

当 CEO 任职晚于 CFO 时，如果以 *Agency* 作为企业管理者代理行为的代理变量，我们发现，*Dtcc*2 的回归系数为-0.001，其显著性水平接近 10%（见表 5-2 第 4 列）；当以 *Overcfd* 为被解释变量来代表企业管理者过度自信时，*Dtcc*2 的回归系数为-0.009，且在 1%的水平上显著（见表 5-2 第 5 列）。这表明，当 CEO 任职晚于 CFO 时，二者任期交错同样可以抑制企业管理者代理问题和过度自信行为。

综上所述，CEO 与 CFO 任期的先后顺序，并不影响二者任期交错对管理者代理和过度自信的抑制作用，也说明本章实证结果是稳健的。

表 5-2　CEO 与 CFO 任期交错对管理者代理和过度自信的影响（区分交错方向）

变量	$Agency_t$	$Overcfd_t$	$Agency_t$	$Overcfd_t$
$Dtcc1_t$	-0.001** (-2.19)	-0.007*** (-3.17)		
$Dtcc2_t$			-0.001 (-1.46)	-0.009*** (-4.47)
$First_{t-1}$	-0.000*** (-7.44)	-0.001*** (-4.67)	-0.000*** (-7.08)	-0.001*** (-3.02)
Roa_t	-0.496*** (-11.51)	0.888*** -9.9	-0.407*** (-10.06)	0.627*** -7.27
$Size_{t-1}$	-0.025*** (-17.40)	-0.006 (-1.39)	-0.020*** (-15.91)	-0.017*** (-4.12)
$Broadsize_t$	-0.001 (-1.47)	-0.004 (-1.54)	-0.001** (-2.42)	-0.006*** (-2.73)
$Dual_t$	0.002 (0.81)	0.033** (2.55)	0.004 (1.23)	0.022 (1.59)
Ms_t	0.014 (1.50)	0.489*** (10.17)	0.014 (1.28)	0.550*** (9.40)
$Dsize_t$	0.057** (2.54)	-0.089 (-0.96)	0.02 (0.95)	-0.235*** (-2.72)
$Ceotime_t$	0.001** (2.41)	0.002 (0.83)	0.001 (1.51)	0.001 (0.56)
$Cfotime_t$	0.000 (0.91)	-0.002 (-1.01)	0.000 (0.90)	-0.002 (-1.16)
$Comp_{t-1}$	0.000*** (5.32)	0.000** (2.27)	0.000* (1.94)	0.000** (2.11)
$Cons$	0.703*** -19.09	0.344*** -3.42	0.638*** -15.62	0.632*** -7.08
时间	有	有	有	有
行业	有	有	有	有
N	8314	7796	8146	7810

（3）CEO 与 CFO 任期交错对管理者代理和过度自信的影响（考虑共事时间）

随着 CEO 与 CFO 共事时间的增加，二者之间的关系可能会变得越来越亲密，从而削弱 CFO 对 CEO 的制衡作用。因此，CEO 与 CFO 任期交错对企业管理者代理行为和过度自信行为的抑制作用可能会随着二者共事时间的增加而被削弱。基于此，本章用交互变量 *Dtcc* × *Gstime* 来考察 CEO 与 CFO 共事时间长短对二者任期交错与企业管理者代理行为和过度自信行为之间关系的影响。其中，*Gstime* 代表二者共事时间。如果 *Dtcc* × *Gstime* 的回归系数显著为正，则说明二者共事时间的增加会削弱二者任期交错对股价崩盘风险的抑制作用。

检验结果见表 5-3。结果显示，当以 *Agency* 为企业管理者代理行为的度量变量时，*Dtcc* 的系数为-0.001，且在 5%的水平上显著；同时，交互项 *Dtcc* × *Gstime* 的系数虽为正，但并不显著。这表明，CEO 与 CFO 共事时间的长短并不会影响二者任期交错对企业管理者代理问题的抑制作用。另外，当以 *Overcfd* 作为企业管理者过度自信的度量变量，并以之为被解释变量，对 *Dtcc* 做回归分析时，我们发现，*Dtcc* 的系数为-0.006，且在 1%的水平上显著；同时，交互项 *Dtcc* × *Gstime* 的系数为-0.001，在 10%的水平上显著。这表明，CEO 与 CFO 共事时间不但没有削弱二者任期交错对企业管理者过度自信行为的抑制作用，反而还加剧了这一作用。

总之，以上实证结果表明，CEO 与 CFO 共事时间的增减，并不会削弱二者任期交错对企业管理者代理行为和过度自信行为的抑制作用。这也在一定程度上证明了本章实证结果的稳健性。

表 5-3 CEO 与 CFO 任期交错对管理者代理和过度自信的影响（考虑共事时间）

变量	$Agency_t$	$Overcfd_t$
$Dtcc_t$	-0. 001 * * (-2. 44)	-0. 006 * * * (-4. 59)
$Dtcc \times Gstime_t$	0. 000 (1. 62)	-0. 001 * (-1. 66)
$First_{t-1}$	-0. 000 * * * (-7. 38)	-0. 001 * * * (-5. 77)
Roa_t	-0. 463 * * * (-12. 81)	0. 719 * * * (10. 71)
$Size_{t-1}$	-0. 024 * * * (-21. 06)	-0. 010 * * * (-2. 98)
$Broadsize_t$	-0. 000 (-0. 40)	-0. 003 * (-1. 65)
$Dual_t$	0. 003 (1. 36)	0. 023 * * (2. 17)
Ms_t	0. 008 (0. 95)	0. 530 * * * (12. 22)
$Dsize_t$	0. 049 * * (2. 50)	-0. 058 (-0. 82)
$Ceotime_t$	0. 000 * * * (5. 65)	0. 000 * * * (3. 35)
$Cfotime_t$	0. 702 * * * (20. 84)	0. 405 * * * (5. 45)
$Comp_{t-1}$	-0. 001 * * (-2. 44)	-0. 006 * * * (-4. 59)
$Cons$	0. 000 (1. 62)	-0. 001 * (-1. 66)
时间	有	有
行业	有	有
N	12777	12338

（4）稳健性检验

首先，我们用哑变量 *Dumdtcc* 作为 CEO 与 CFO 任期交错的另一种测度方法。当 CEO 与 CFO 任职期限相同时，该变量的取值为 0，否则为 1。表 5-4 报告了以 *Dumdtcc* 为解释变量时的回归结果。我们发现，当以 *Agency* 为企业管理者代理行为的度量变量时，*Dumdtcc* 的系数为-0.002，虽然未能通过 10%的显著性检验，但通过了 20%的显著性检验，而且系数符号与预期一致，因此，我们仍可以此判断 CEO 与 CFO 任期交错可以抑制企业管理者代理行为。此外，当以 *Overcfd* 为企业管理者过度自信的度量变量时，*Dumdtcc* 的系数为-0.038，且在 1%的水平上显著，这表明，与不存在二者任期交错的企业相比，存在 CEO 与 CFO 任期交错的企业中，管理者过度自信问题确实比较轻微。上述实证结果也在一定程度上说明了本章结论的稳健性。

表 5-4 CEO 与 CFO 任期交错对管理者代理和过度自信的影响（稳健性检验一）

变量	$Agency_t$	$Overcfd_t$
$Dtcc_t$	-0.002 (-1.28)	-0.038*** (-4.87)
$First_{t-1}$	-0.000*** (-8.09)	-0.001*** (-5.32)
Roa_t	-0.428*** (-12.25)	0.756*** (10.69)
$Size_{t-1}$	-0.024*** (-20.36)	-0.011*** (-3.12)
$Broadsize_t$	-0.000 (-0.50)	-0.003* (-1.67)
$Dual_t$	0.004* (1.68)	0.033*** (3.05)
Ms_t	0.008 (0.85)	0.541*** (11.50)

续表

变量	$Agency_t$	$Overcfd_t$
$Dsize_t$	0.046*** (2.62)	-0.067 (-0.93)
$Ceotime_t$	0.000 (1.23)	0.001 (0.83)
$Cfotime_t$	0.000 (0.82)	-0.004*** (-3.45)
$Comp_{t-1}$	0.000*** (4.87)	0.000*** (3.06)
$Cons$	0.698*** (19.45)	0.459*** (6.01)
时间	有	有
行业	有	有
N	12137	11744

其次，出于稳健性考虑，本章还控制了 CEO 与 CFO 其他人口特征变量的差异，包括年龄差异、学历差异和性别差异，结果见表 5-5。结果显示，如果分别以 *Agency* 和 *Overcfd* 来代表企业管理者代理程度和过度自信程度作为被解释变量，则 *Dtcc* 的系数分别为-0.001 和-0.005，分别在 5%和 1%水平上显著。这说明，在考虑 CEO 与 CFO 的其他背景特征的影响后，二者任期交错仍可以显著地抑制企业的管理者代理和过度自信问题，这也说明了本章研究结论的稳健性。

表 5-5　CEO 与 CFO 任期交错对管理者代理和过度自信的影响（稳健性检验二）

变量	$Agency_t$	$Overcfd_t$
$Dtcc_t$	-0.001** (-2.39)	-0.005*** (-2.72)
$First_{t-1}$	-0.000*** (-7.11)	-0.001*** (-3.85)

续表

变量	$Agency_t$	$Overcfd_t$
Roa_t	-0.387*** (-9.27)	0.807*** (7.88)
$Size_{t-1}$	-0.020*** (-16.06)	-0.017*** (-3.19)
$Broadsize_t$	-0.000 (-0.33)	0.001 (0.18)
$Dual_t$	0.004 (1.56)	0.026* (1.80)
Ms_t	0.008 (0.85)	0.365*** (7.21)
$Dsize_t$	0.032 (1.33)	-0.020 (-0.19)
$Ceotime_t$	0.000 (1.31)	0.002 (0.87)
$Cfotime_t$	0.001** (2.48)	-0.006*** (-3.63)
$Comp_{t-1}$	0.000*** (2.63)	0.000** (2.40)
$Dage_t$	-0.001*** (-3.89)	-0.002* (-1.69)
$Dedu_t$	0.003** (2.40)	-0.005 (-0.68)
$Dsex_t$	-0.004** (-2.19)	0.004 (0.34)
$Cons$	0.599*** (11.96)	0.544*** (4.78)
时间	有	有
行业	有	有
N	7157	6909

5.1.4.2 董事长与 CEO 任期交错对管理者代理与过度自信的影响

(1) 基础回归

表 5-6 给出了 *Dtdc* 与 Agency 和 *Overcfd* 的回归分析结果。结果显示，当分别以 Agency 和 *Overcfd* 为被解释变量时，*Dtdc* 的回归系数分别为-0.001和-0.007，并且均在 1%的水平上显著。这说明，董事长与 CEO 任期交错确实对企业的管理者代理行为和过度自信行为有抑制作用，而且这种抑制作用会随着董事长与 CFO 任期交错年限的增加而变得更加显著。

表 5-6　董事长与 CEO 任期交错对管理者代理与过度自信的影响（基础回归）

变量	$Agency_t$	$Overcfd_t$
$Dtdc_t$	-0.001*** (-2.63)	-0.007*** (-4.87)
$First_{t-1}$	-0.001*** (-9.34)	-0.001*** (-5.13)
Roa_t	-0.420*** (-13.95)	0.951*** (10.81)
$Size_{t-1}$	-0.026*** (-22.67)	-0.010*** (-2.67)
$Broadsize_t$	-0.000 (-0.35)	-0.005** (-2.57)
$Dual_t$	0.001 (0.64)	0.007 (0.71)
Ms_t	0.006 (0.70)	0.558*** (13.20)
$Dsize_t$	0.051*** (2.83)	-0.077 (-1.15)
$Comp_{t-1}$	0.000*** (3.79)	0.000*** (3.27)

续表

变量	$Agency_t$	$Overcfd_t$
$Ceotime_t$	0. 000 (1. 20)	-0. 002** (-1. 99)
$Dstime_t$	-0. 000 (-0. 42)	0. 006*** (5. 56)
$Cons$	0. 751*** (21. 12)	0. 391*** (4. 93)
时间	有	有
行业	有	有
N	13992	13515
R^2	0. 227	0. 067
F	62. 16	24. 57

（2）考虑交错方向及共事时间的董事长与 CEO 任期交错对管理者代理与过度自信的影响

首先，由于董事长与 CEO 任期同样有先后之分，因此也要考虑二者任期先后顺序对二者任期交错与企业管理者代理问题和过度自信问题之间关系的影响。鉴于此，本章分别采用 Dtdc1 和 Dtdc2（变量定义见第 4 章）两个变量来代表董事长与 CEO 任期交错指标，以检验二者任职先后顺序是否影响二者任期交错程度对企业管理者代理问题和过度自信问题的影响。

表 5-7 第 2~5 列报告了区分董事长与 CEO 任职先后顺序后，二者任期交错对企业管理者代理问题和过度自信问题的影响。结果显示，首先，当董事长任职早于 CEO 时，如果分别以 *Agency* 和 *Overcfd* 为被解释变量，那么 *Dtdc*1 的系数分别为-0. 005 和-0. 03，显著性水平分别为 5%和 1%（见表 5-7 第 2~3 列）。这表明，当董事长任职早于 CEO 时，二者任期交错可以抑制企业管理者代理问题和过度自信问题。

此外，如果董事长任职晚于 CEO，当分别以 *Agency* 和 *Overcfd* 为被解释变量，*Dtdc*2 的系数分别为-0.004 和-0.056，分别在10%和1%的水平上显著（见表5-7第4~5列）。这表明，当董事长任职晚于CEO时，二者任期交错仍可以显著地抑制企业管理者代理和过度自信问题。

以上回归结果表明，无论董事长与CEO任职先后顺序如何，二者任期交错均可以抑制企业管理者代理和过度自信问题，这在一定程度上说明本章实证结论是稳健的。

其次，为了消除董事长与CEO共事年限对二者任期交错与管理者代理与过度自信之间关系的影响，我们在回归模型中引入交互项 Dtdc × Gstime。其中，Gstime 代表董事长与CEO的共事年限。如果二者共事年限可以削弱二者任期交错对企业管理者代理和过度自信问题的抑制作用，那么 Gstime 的回归系数应该显著为正。

表5-7第6~7列给出了检验结果。结果显示，当分别以 Agency 和 *Overcfd* 为被解释变量时，*Dtdc* 的系数分别为-0.001 和-0.006，而且分别在5%和1%的水平上显著。然而，交互项 Dtdc × Gstime 的系数均不显著。这说明，董事长与CEO共事时间并不影响二者任期交错对企业管理者代理和过度自信问题的抑制作用。

表5-7 董事长与CEO任期交错对管理者代理与过度自信的影响

（考虑交错方向和共事时间）

	区分交错方向				考虑共事时间	
变 量	$Agency_t$	$Overcfd_t$	$Agency_t$	$Overcfd_t$	$Agency_t$	$Overcfd_t$
$Dtdc1_t$	-0.005** (-2.32)	-0.030*** (-3.25)				
$Dtdc2_t$			-0.004* (-1.74)	-0.056*** (-6.17)		
$Dtdc_t$					-0.001** (-2.15)	-0.006*** (-3.77)

续表

变量	区分交错方向				考虑共事时间	
	$Agency_t$	$Overcfd_t$	$Agency_t$	$Overcfd_t$	$Agency_t$	$Overcfd_t$
$Dtdc \times Gstime_t$					-0.000 (-0.44)	-0.000 (-0.31)
$First_{t-1}$	-0.000*** (-6.71)	-0.001*** (-4.65)	-0.001*** (-8.39)	-0.001*** (-4.29)	-0.001*** (-9.55)	-0.001*** (-5.42)
Roa_t	-0.425*** (-12.59)	0.967*** (9.37)	-0.376*** (-10.67)	1.078*** (10.48)	-0.420*** (-13.96)	0.971*** (11.03)
$Size_{t-1}$	-0.028*** (-21.02)	-0.005 (-1.28)	-0.029*** (-21.05)	-0.001 (-0.14)	-0.026*** (-22.64)	-0.009** (-2.40)
$Broadsize_t$	-0.000 (-0.01)	-0.006*** (-2.58)	-0.000 (-0.41)	-0.004* (-1.92)	-0.000 (-0.30)	-0.005*** (-2.61)
$Dual_t$	0.003 (1.38)	0.016 (1.43)	0.002 (0.75)	0.020* (1.82)	0.002 (0.75)	0.009 (0.90)
Ms_t	0.010 (1.18)	0.541*** (11.78)	0.004 (0.48)	0.549*** (11.71)	0.005 (0.67)	0.562*** (13.30)
$Dsize_t$	0.041** (2.00)	-0.078 (-0.97)	0.066*** (2.95)	-0.085 (-1.08)	0.051*** (2.83)	-0.072 (-1.07)
$Comp_{t-1}$	0.000*** (3.43)	0.000* (1.84)	0.000*** (3.97)	0.000 (1.27)	0.000*** (4.12)	0.000*** (3.43)
$Ceotime_t$	0.000 (0.29)	-0.002 (-1.03)	0.000 (0.79)	-0.001 (-0.63)		
$Dstime_t$	-0.000 (-0.40)	0.005*** (3.24)	-0.000 (-0.70)	0.004** (1.98)		
Cons	0.767*** (20.77)	0.333*** (3.63)	0.815*** (19.48)	0.169* (1.83)	0.751*** (21.12)	0.380*** (4.78)
时间	有	有	有	有	有	有
行业	有	有	有	有	有	有
N	11110	10682	10096	9958	13992	13515

（3）稳健性检验

首先，我们同样采用哑变量 *Dumdtdc* 作为董事长与 CEO 任期交错指标，重新检验董事长与 CEO 任期交错对管理者代理和过度自信的影响。表 5-8 列示了检验结果。结果显示，当分别以 *Agency* 和 *Overcfd* 为被解释变量时，*Dumdtdc* 的回归系数的估计值分别为-0. 004 和-0. 032，而且分别在 5%和 1%的水平上显著。这表明，在董事长与 CEO 任期交错的企业中，管理者代理问题和过度自信问题得到了很好的控制。以上实证结论与本章预期一致，体现了本章实证结果的稳健性。

其次，我们也在模型中引入了董事长与总经理之间的年龄差异变量和性别差异变量作为控制变量，以考察董事长与总经理任期交错对股价崩盘风险的影响。结果见表 5-8。结果显示，*Dtdc* 的估计系数分别-0. 001 和-0. 007，分别在 5%和 1%的水平上显著。这表明，即使控制了董事长与总经理之间的年龄差异和性别差异，董事长与总经理任期交错仍然可以显著地抑制企业管理者的代理行为和过度自信行为。

表 5-8　董事长与 CEO 任期交错对管理者代理与过度自信的影响

	哑变量回归		引入更多控制变量	
变 量	$Agency_t$	$Duvol_t$	$Agency_t$	$Duvol_t$
$Dumdtdc_t$	- 0. 004** (- 2. 34)	- 0. 032*** (- 4. 87)		
$Dtdc_t$			- 0. 001** (- 2. 53)	- 0. 007*** (- 4. 77)
$First_{t-1}$	- 0. 001*** (- 9. 28)	- 0. 001*** (- 5. 03)	- 0. 001*** (- 9. 28)	- 0. 001*** (- 5. 05)
Roa_t	- 0. 419*** (- 13. 95)	0. 952*** (10. 82)	- 0. 422*** (- 13. 94)	0. 932*** (10. 56)
$Size_{t-1}$	-0. 026*** (-22. 78)	-0. 010*** (-2. 79)	-0. 026*** (-22. 67)	-0. 010*** (-2. 62)

续表

变量	哑变量回归		引入更多控制变量	
	$Agency_t$	$Duvol_t$	$Agency_t$	$Duvol_t$
$Broadsize_t$	-0.000 (-0.33)	-0.005** (-2.51)	-0.000 (-0.23)	-0.004** (-2.34)
$Dual_t$	0.001 (0.68)	0.007 (0.74)	0.003 (1.11)	0.021* (1.89)
Ms_t	0.006 (0.71)	0.557*** (13.19)	0.005 (0.66)	0.554*** (13.12)
$Dsize_t$	0.050*** (2.82)	-0.078 (-1.16)	0.052*** (2.91)	-0.065 (-0.97)
$Comp_{t-1}$	0.000*** (3.76)	0.000*** (3.23)	0.000*** (3.75)	0.000*** (3.26)
$Ceotime_t$	0.000 (1.04)	-0.003** (-2.34)	0.000 (1.24)	-0.002* (-1.90)
$Dstime_t$	-0.000 (-0.57)	0.006*** (5.29)	-0.000 (-0.56)	0.006*** (5.23)
$Dage_{t-1}$			0.000 (0.78)	0.001** (2.39)
$Dsex_{t-1}$			0.004 (1.00)	0.020 (1.50)
$Cons$	0.753*** (21.18)	0.404*** (5.10)	0.748*** (21.16)	0.365*** (4.57)
时间	有	有	有	有
行业	有	有	有	有
N	13992	13515	13937	13462

本节分别以 CEO 与 CFO 任期交错以及董事长与 CEO 任期交错作为管理层任期异质性的代理变量，考察了其对管理者代理问题和过度自信问题的影响。实证结果表明，管理层任期异质性对管理者代理问题和过度自信问题均有显著的抑制作用。

5.2 管理者代理与过度自信对股价崩盘风险的影响

关于股价崩盘风险的成因，从管理者的角度看，主流的观点是以管理者代理为理论框架，认为在现代企业两权分离的情况下，管理者与所有者之间利益存在不一致，管理者出于自身利益诉求（如薪酬企业、职业生涯以及帝国构建），有动机隐瞒公司坏消息，当坏消息积累到一定程度无法隐瞒时，便会被集中公之于众，导致股价大跌（Jin 和 Myers，2006）。然而，Kim 等（2016）的研究同样是从管理者角度出发，却对股价崩盘的成因给出了另一种解释范式。他们认为，即使管理者以实现股东利益最大化为己任，但由于管理者在决策时的行为偏差（如过度自信），也往往会投资一些净现值为负的项目，当这种项目最终被证明是失败时，便会产生股价暴跌。可见，目前针对股价崩盘风险的成因，存在着两种解释范式，即基于管理者理性的代理范式和基于管理者非理性的过度自信范式。以上两种解释范式分别从不同角度解释了股价崩盘风险的成因，但究竟哪一个更具解释力？由于现有研究都是从单一角度进行分析，因此，难以进行比较，无法给出满意答案。

以上两种解释范式存在重叠和交叉，例如，二者都认为管理者对信息的窖藏是导致股价崩盘的重要原因，但是管理者代理范式认为这种信息窖藏行为是源于管理者的自利动机（Bleck 和 liu，2007），而管理者过度自信范式则认为是管理者的自大导致了过度投资，为了使投资得以继续而采取了窖藏信息的行为，从而造成股价崩盘（Kim 等，2016）。因此，考察与区分两种解释范式对企业公司治理机制改进具有重要意义。

鉴于目前尚没有研究对导致股价崩盘风险的管理者代理和过度自信两种范式的区分进行讨论，因此，本章拟将两种范式纳入同一研究框架内，探讨二者的区别。本章研究发现，首先，管理者代理和过度自信都是导致股价崩盘风险的重要原因。其次，行业竞争水平作为一种天然的外部治理手段可以抑制管理者代理和过度自信对股价崩盘风险的影响。

本章的研究贡献在于，首先，弥合了股价崩盘风险管理者理性解释和非理性解释两种范式的分歧。现有研究对股价崩盘风险的解释或是从管理者代理视角，或是从管理者过度自信视角两条线分开进行，由于二者对股价崩盘风险的解释存在交叉和重叠，导致对股价崩盘风险的管理者行为解释的分歧与矛盾。本章将两种视角置于同一框架下，区分了二者的作用路径，为两种解释范式建立了沟通的桥梁。

5.2.1 理论分析

（1）管理者代理与股价崩盘风险

管理者代理范式以管理者理性为假设前提，认为管理者出于薪酬契约、职业生涯以及“帝国构建”等利己动机考虑，会故意隐瞒企业经营的负面消息，当坏消息不断积累到一定程度而无法隐瞒时，坏消息集中释放，从而导致股价崩盘（Jin 和 Myers，2006；Bleck 和 liu，2007；Hutton 等，2009）。总之，基于管理者代理理论的企业股价崩盘风险理论认为，股价崩盘风险源于管理者出于利己动机对坏消息的窖藏。

（2）管理者过度自信与股价崩盘风险

经典的经济学理论建立在理性人假设之上，而行为金融学理论认为人们面对不确定的情况时，经常会表现出行为偏差（如过度自信）。近年来，高管过度自信在企业决策中的作用逐渐受到学术界的重视，涌现出大量文献（余明桂等，2006；姜付秀等，2009；江伟，2010；余明桂等，2013；李云鹤，2014）。然而针对管理者过度自信与股价崩盘风险之间关系的研究却非常少见，仅有的研究是 Kim 等（2016）关于二者之间关系的初步探讨。他们认为，即使管理者的投资决策是以股东权益最大化为出发点，但如果高管存在过度自信偏差，同样会导致股价崩盘风险。具体来讲，过度自信的管理者通常会高估项目的投资回报而低估潜在的风险，或者过高地估计自己的管理能力而投资一些净现值为负的项目，而且在项目存续期内，即使出现一些坏消息，为了不让外部投资者阻碍项目的实施，管理者也会故意隐瞒，当项目彻底被证明是失败的时候，坏消息会集中释放，导致股价崩盘。可见，管理者过度自信会导致非效率投资和对坏消息的窖藏，从而造成股价崩盘风险。

综上所述，管理者代理和过度自信均会导致股价崩盘风险，但二者的影响路径完全不同。究竟这两种范式哪一种可以更好地解释股价崩盘风险呢？现有研究只对二者分别探讨，并没有在同一框架下对二者的作用加以区分，本章将对这一问题进行区分和检验。

5.2.2 模型设计

由于本节所涉及的主要变量，如股价崩盘风险、管理者代理以及过度自信在前文中均已介绍，在此不再赘述。

为了区分管理者代理和管理者过度自信对股价崩盘风险的影响，本章采用分组回归的方法加以证明。

（1）代理模型

为了考察管理者代理对股价崩盘风险的影响，本章将研究样本基于管理者有无过度自信行为分为两组。当 $Overcfd = 1$ 时，为过度自信组；当 $Overcfd = 0$ 时，为非过度自信组。在 $Overcfd = 0$ 的情况下，估计模型(5-3)，可以检测到管理者代理对股价崩盘风险的净影响。其中，*Crash* 为股价崩盘风险指标，分别用公司特定收益率偏度的负值（*Ncskew*）和下跌波动率与上涨波动率之比（*Duvol*）来测度。*Control* 为控制变量集，本章还控制了年度固定效用（$YearDum$）和行业固定效用（$IndDum$）。预期$\beta_1 > 0$，即管理者代理问题越严重，越可能导致股价崩盘风险。

$$Crash_{i,t} = \beta_0 + \beta_1 Agency_{i,t-1} + \sum_k \beta_k Control_{i,t-1}^k + YearDum + IndDum + \xi_{i,t}$$
$$Overcfd = 0 \tag{5-3}$$

（2）过度自信模型

构建代理问题哑变量$Dumagency$，当企业代理问题大于样本均值时，$Dumagency = 1$，定义为代理组；反之，$Dumagency = 0$，为非代理组。在非代理组中，估计模型（5-4），可以得到管理者过度自信对股价崩盘风险的影响。预期$\eta_1 > 0$，即管理者过度自信可能导致股价崩盘风险。

$$Crash_{i,t} = \eta_0 + \eta_1 Overcfd_{i,t-1} + \sum_k \eta_k Control_{i,t-1}^k + YearDum + IndDum + \xi_{i,t}$$
$$Dumagency = 0 \tag{5-4}$$

5.2.3 实证结果

5.2.3.1 回归分析结果

表5-9汇报了管理者代理与股价崩盘风险、管理者过度自信与股价崩盘风险之间关系的回归结果。首先，代理模型的结果显示，当分别以$Ncskew$和$Duvol$作为被解释变量时，$Agency$的系数分别为0.134和0.103，且分别在5%和10%水平上显著，这表明，在企业高管不存在过度自信的的情况下，管理者代理会导致企业股价崩盘风险。其次，过度自信模型的结果显示，无论是以$Ncskew$还是$Duvol$作为因变量，$Overcfd$的系数均在5%的水平上显著为正，这表明，在企业不存在代理问题的情况下，管理者过度自信同样会导致股价崩盘风险。最后，综合模型中，管理者代理和管理者过度自信与股价崩盘风险的关系和代理模型、过度自信模型基本一致。以上检验结果印证了在中国企业中，管理者代理和过度自信都存在，而且二者都是导致股价崩盘风险的重要原因。

表 5-9　管理者代理、过度自信与股价崩盘风险回归结果

变量	代理模型		过度自信模型		综合模型	
	$Ncskew_t$	$Duvol_t$	$Ncskew_t$	$Duvol_t$	$Ncskew_t$	$Duvol_t$
$Agency_{t-1}$	0.134** (2.26)	0.103* (1.72)			0.120** (2.10)	0.092 (1.57)
$Overcfd_{t-1}$			0.047** (2.08)	0.052** (2.24)	0.033* (1.71)	0.034* (1.71)
Ret_{t-1}	2.010*** (5.43)	1.735*** (4.85)	1.952*** (4.53)	1.609*** (3.89)	2.116*** (6.00)	1.825*** (5.35)
$Sigma_{t-1}$	11.503*** (5.69)	9.299*** (4.81)	11.074*** (4.78)	8.594*** (3.90)	12.197*** (6.34)	9.979*** (5.41)
Btm_{t-1}	-0.058*** (-4.83)	-0.053*** (-4.68)	-0.064*** (-5.15)	-0.054*** (-4.54)	-0.059*** (-5.24)	-0.052*** (-4.79)
Roa_t	0.410*** (3.38)	0.395*** (3.27)	0.457*** (3.08)	0.482*** (3.29)	0.372*** (3.22)	0.361*** (3.10)
Lev_{t-1}	0.101*** (2.75)	0.069* (1.90)	0.124*** (2.70)	0.093** (2.06)	0.101*** (2.87)	0.066* (1.89)
$Size_{t-1}$	-0.028*** (-3.88)	-0.028*** (-3.91)	-0.028*** (-3.59)	-0.030*** (-3.83)	-0.027*** (-3.94)	-0.028*** (-4.13)
$Turnover_{t-1}$	-0.033 (-1.32)	-0.026 (-1.04)	-0.008 (-0.30)	0.006 (0.22)	-0.022 (-0.91)	-0.016 (-0.64)
$Absacc_{t-1}$	0.119* (1.69)	0.091 (1.31)	0.077 (0.97)	0.045 (0.56)	0.104 (1.55)	0.079 (1.19)
$Cons$	0.288* (1.73)	0.265 (1.61)	0.288 (1.59)	0.313* (1.75)	0.230 (1.45)	0.239 (1.52)
年度	有	有	有	有	有	有
行业	有	有	有	有	有	有
N	12324	12324	9930	9930	13663	13663

注：***、**、*分别表示在1%、5%和10%水平上显著，括号中是经过 White 异方差修正后的t值，以下类同。

5.2.3.2 内生性讨论

（1）反向因果关系

首先，本章的实证结果可能会受到反向因果关系的质疑，例如，容易发生股价崩盘风险的企业可能更倾向于雇佣过度自信的高管，或者更高的管理费用率。由于本章的两个主要解释变量均采用之后一期，这在一定程度上解决了反向因果关系的问题。

（2）内生性匹配

过度自信的管理者可能更倾向于选择高成长性企业，而高成长性企业比较容易发生股价崩盘风险（Kim 等，2016），这是本章实证结果存在内生性的又一种可能性。为了解决这类内生性问题，我们在本章主回归模型中引入了账面市值比以控制企业成长性的影响，这在一定程度上克服了该类内生性问题。

由于新聘任的 CEO 可能存在非常严重的内生性匹配问题（Kim 等，2016），因此，为了进一步解决内生性匹配问题，本章借鉴 Hirshleifer 等（2012）的方法，将研究样本中 CEO 任职年限小于 3 年的剔除，重新进行回归分析，以观察实证结果的稳健性。检验结果见表 5-10。

首先，对于代理模型而言（见表 5-10 第 2~3 列），当被解释变量为 *Ncskew* 时，Agency 的系数为 0.218，在 5%的水平上显著；当被解释变量为 *Duvol* 时，该系数为 0.152，接近 10%的显著性水平。这说明管理者代理会是导致股价崩盘风险的一个原因，与主回归模型结论一致。

其次，在过度自信模型中（见表 5-10 第 4~5 列），无论是以 *Ncskew* 还是以 *Duvol* 作为被解释变量，*Overcfd* 的系数均在 1%的水平上显著为正，这表明，管理者过度自信也是导致股价崩盘风险的一个诱因。

总之，在充分考虑到内生性匹配问题后，本节的实证结果仍支持管理者代理和管理者过度自信均是导致股价崩盘风险的重要原因的论断。这说明本节的实证结论是稳健的。

表 5-10　内生性检验

变量	代理模型		过度自信模型	
	$Ncskew_t$	$Duvol_t$	$Ncskew_t$	$Duvol_t$
$Agency_{t-1}$	0.218** (2.38)	0.152 (1.59)		
$Overcfd_{t-1}$			0.103*** (3.29)	0.101*** (3.22)
Ret_{t-1}	2.623*** (4.98)	2.418*** (4.73)	2.940*** (4.74)	2.611*** (4.41)
$Sigma_{t-1}$	14.760*** (5.15)	12.819*** (4.65)	16.024*** (4.82)	13.481*** (4.27)
Btm_{t-1}	-0.082*** (-4.59)	-0.078*** (-4.62)	-0.088*** (-4.75)	-0.080*** (-4.61)
Roa_t	0.741*** (3.82)	0.742*** (3.83)	0.817*** (3.37)	0.835*** (3.49)
Lev_{t-1}	0.179*** (3.21)	0.134** (2.40)	0.154** (2.25)	0.110 (1.63)
$Size_{t-1}$	-0.024** (-2.21)	-0.023** (-2.15)	-0.020* (-1.70)	-0.020* (-1.72)
$Turnover_{t-1}$	-0.033 (-0.89)	-0.036 (-0.97)	0.000 (0.01)	0.013 (0.33)
$Absacc_{t-1}$	-0.044 (-0.39)	-0.051 (-0.47)	-0.036 (-0.29)	-0.057 (-0.46)
$Cons$	-0.036 (-0.14)	-0.055 (-0.22)	-0.067 (-0.24)	-0.033 (-0.12)
年度	有	有	有	有
行业	有	有	有	有
N	5917	5917	4822	4822

本节通过构建代理模型和过度自信模型，将管理者代理和管理者过度自信纳入同一框架下，对引致企业股价崩盘风险的理性与非理性两类范式进行了区分检验，并在进一步分析中，探讨了不同情境下二者与股价崩盘风险之间的关系。本章研究表明，管理者代理和管理者过度自信都会导致股价崩盘风险。本节的理论意义在于，将导致股价崩盘风险的理性范式和非理性范式置于同一框架下，既区分了二者的作用路径，又为两种解释范式建立了沟通的桥梁，弥合了二者的分歧。

5.3 管理层任期异质性对股价崩盘风险影响的机制分析

如前文所述，一方面，CEO 与 CFO 任期交错以及董事长与 CEO 任期交错都可以同时抑制企业的管理者代理问题和过度自信问题；另一方面，企业的管理者代理问题以及管理者过度自信都是导致企业股价崩盘风险的内在原因。基于上述结论，我们可以推断，企业管理层任期异质性是通过抑制企业管理者代理问题和过度自信问题来影响企业股价崩盘风险的，即管理者代理和过度自信是企业管理层任期异质性对股价崩盘风险产生影响的中介因素。为了更准确地检验上述逻辑关系，本节将采用中介效应模型进行分析。

5.3.1 中介效应模型及检验方法介绍

（1）中介效应模型简介

当我们研究自变量 x 对因变量 y 的影响时，如果 x 是通过变量 m 对 y 产生影响的，那么我们称 m 为中介变量。上述三个变量的关系可以用如下方程组表示：

$$y = \alpha x + \varepsilon_1 \tag{5-5}$$

$$m = \beta x + \varepsilon_2 \tag{5-6}$$

$$y = \lambda x + \gamma m + \varepsilon_3 \tag{5-7}$$

这个方程组就是所谓的中介效应模型。其中，模型（5-5）中的 α 代表自变量 x 对因变量 y 的总效应，模型（5-6）中的 β 代表 x 对中介变量 m 的影响，模型（5-7）中的 λ 代表 x 对 y 的直接效应，γ 是中介变量 m 对 y 的总影响。ε_1、ε_2 以及 ε_3 为随机扰动项，系数乘积 $\beta\gamma$ 便是中介效应。自变量 x 对因变量 y 的总效应等于间接效应和直接效应之和，即

$$\alpha = \lambda + \beta\gamma \tag{5-8}$$

（2）中介效应检验方法介绍

目前检验中介效应最流行的方法是逐步法（Baron 和 Kenny，1986；温忠麟等，2004）。逐步法的检验步骤如下：

第一，检验模型（5-5）中 α 的显著性，以判断自变量 x 对因变量 y 的总效应。

第二，检验系数乘积 $\beta\gamma$ 的显著性，如果 α 以及 $\beta\gamma$ 均显著，则说明中介效应模型成立。

第三，检验模型（5-7）中 λ 的显著性，如果显著，则模型为部分中介效应模型；反之，如果该系数不显著，则模型为完全中介效应模型。

实际上，在中介效应检验过程中，最核心的部分是第二步，即系数乘积 $\beta\gamma$ 是否显著。目前学术界争论的焦点也在这一步的检验中。截至目前，针对系数乘积 $\beta\gamma$ 的显著性检验主要有依次检验法、Sobel（1982）的方法、Bookstrap 法以及马尔科夫链蒙特卡洛模拟法。其中，除依次检验法为间接检验法外，其他几个方法均是直接检验法。本章将分别介绍这几种检验方法并给出评价。

一是依次检验法。依次检验法由 Baron 和 Kenny（1986）提出。依次

检验法就是依次检验上述中介效应模型中，模型（5-5）中 β 的显著性以及模型（5-7）中 γ 的显著性，如果 β 和 γ 均显著，则可以间接地证明二者乘积 $\beta\gamma$ 是显著的，从而可以证明中介效应存在。

依次检验法的优势在于：第一，方法简单，只需分别对中介效应模型的三个方程进行显著性检验即可。第二，比较容易理解和解释，如果上述三个方程的显著性均通过检验，我们可以直观地看到自变量 x 是如何通过中介变量 m 对因变量 y 产生影响的。

然而，依次检验法近年来却受到了学术界的质疑和批判（MacKinnon 等，2002；温忠麟和叶宝娟，2014；Fritz 和 MacKinnon，2007）。依照依次检验法，如果 β 和 γ 均不为 0，则可以间接证明 $\beta\gamma$ 也不为 0，这在代数上没问题，但在统计检验上却存在问题。MacKinnon 等（2002）和温忠麟等（2004）通过模拟研究发现，当采用依次检验法检验 $\beta\gamma$ 的显著性时，犯第一类错误的概率较低。也就是说，当 β 和 γ 均显著，可以推断 $\beta\gamma$ 是显著的，这一结论没问题；但是，依次检验法的检验力（Power）太低，有时候系数乘积 $\beta\gamma$ 实际上是显著的，但依次检验法却可能得出不显著的结论（Fritz 和 MacKinnon，2007）。

鉴于依次检验法在检验力方面的缺陷，直接检验法受到了学术界的追捧。最经典的直接检验法是 Sobel（1982）的方法。

二是 Sobel（1982）的方法。与依次检验法不同，Sobel（1982）首次提出直接对系数乘积 $\beta\gamma$ 的显著性进行检验，即检验 $H_0: \beta\gamma = 0$。该检验的统计量为 $Z = \hat{\beta}\hat{\gamma}/s_{\beta\gamma}$，其中，$\hat{\beta}$ 与 $\hat{\gamma}$ 分别是 β 和 γ 的估计值，$s_{\beta\gamma}$ 为 $\hat{\beta}\hat{\gamma}$ 的标准误，表达式为，$s_{\beta\gamma} = \sqrt{\hat{\beta}^2 s_\beta^2 + \hat{\gamma}^2 s_\gamma^2}$，$s_\beta$ 与 s_γ 分别为 $\hat{\beta}$ 与 $\hat{\gamma}$ 的标准误。

MacKinnon 等（2002）和温忠麟等（2004）的模拟实验表明，Sobel（1982）法的检验力要强于依次次检验法。然而，该检验方法存在明显的局限性，它要求 $\hat{\beta}$ 与 $\hat{\gamma}$ 都服从正态分布，而且 $\hat{\beta}\hat{\gamma}$ 也要服从正态分布，这在实际应用中显然是难以实现的，因此该检验方法也受到相关学术界的批判，甚至有研究认为该检验法是不准确的（MacKinnon 等，2004；MacKinnon，1983；方杰和张敏强，2012）。

鉴于 Sobel（1982）检验法的局限性，目前有多种直接检验方法试图替代 Sobel（1982）检验法，其中最为典型的是 Bookstrap 法以及马尔科夫链蒙特卡洛模拟法。

三是马尔科夫链蒙特卡洛模拟法。马尔科夫链蒙特卡洛模拟法也试图对系数乘积 $\beta\gamma$ 的显著性进行直接检验，属于贝叶斯统计方法。具体来说，该方法试图在贝叶斯理论框架下，将马尔科夫链引入蒙特卡洛模拟体系中，形成一种动态模拟过程（方杰和张敏强，2012）。该方法不要求估计量均服从正态分布，较 Sobel（1982）法是一种进步。然而，该检验方法也存在先验分布问题，同样受到学术界的诟病。

四是 Bookstrap 法。Bookstrap 法的基本思想是在假定样本可以代表总体的前提下，采取从样本中进行重复抽样的方法，即将研究样本看作是 Bookstrap 的总体，进行重复抽样得到多个 Bookstrap 样本，分别基于这些 Bookstrap 样本进行参数估计，然后根据参数估计值的大小进行排序，再设定一个置信度，以构成置信区间，从而检验参数估计值的显著性水平。具体来讲，假设给定的研究样本空间是 500，我们便可以把这一样本看作是 Bookstrap 的总体，采用有放回的重复抽样，如果每次抽取 300 个个体作为一个 Bookstrap 样本，重复抽取 1000 次，便可以得到 1000 个不同的样本容量为 300 的 Bookstrap 样本。然后，分别对这 1000 个 Bookstrap 样本进行估计，得到 1000 个不同的系数乘积 $\beta\gamma$ 的估计值。接下来，对这 1000 个估计值进行排序，找到第 2.5 百分位点和 97.5 百分位点，便构成了一个置信度为 95%的置信区间。此时便可以对系数乘积 $\hat{\beta}\hat{\gamma}$ 的显著性进行判断，如果置信区间中包含 0，则认为 $\hat{\beta}\hat{\gamma}$ 不显著，也就不存在中介效应；反之，如果置信区间中不包含 0，则认为 $\hat{\beta}\hat{\gamma}$ 显著，可认为中介效应存在。

Bookstrap 法的最大优势是其并不要求 $\hat{\beta}$ 、$\hat{\gamma}$ 与 $\hat{\beta}\hat{\gamma}$ 均服从正态分布或是对分布存在先验的假设，从本质上克服了 Sobel（1982）法的不足，成为目前学术界检验中介效应最流行的方法。

5.3.2 中介效应检验方法选择及模型构建

（1）中介效应检验方法的选择

综观现有针对中介效应检验方法的争论，似乎直接检验法对依次检验法具有压倒性优势，同时，在众多直接检验法中，Bookstrap 法的优势最为明显。那么 Bookstrap 法是否是放之四海而皆准的通法呢？温忠麟等（2014）通过对过往关于中介效应检验方法的文献的梳理与辨析，认为，究竟采用哪种中介效应检验方法，要视情况而定，直接检验法并非永远优于依次检验法，Bookstrap 法也并非一直是最优选择。

温忠麟等（2014）认为，直接检验法虽然在检验力上优于依次检验法，但其对检验结果所隐含的因果关系无法给出直接而简明的解释。依次检验法虽然在检验力上不如直接检验法，但一旦 $\hat{\beta}$ 和 $\hat{\gamma}$ 的估计值均显著，则不仅可以证明中介效应的存在，还可以简单而直接地表示解释变量是如何通过中介变量影响因变量的，即可以直接解释检验结果背后的因果关系。

综上所述，在实际应用中，如果依次检验法能够得出存在中介效应的结论，那么依次检验法就是最优方法，即此时采用依次检验法，而非直接检验法。

就本章的实际情况而言，由于前文已经证明企业管理者代理问题和过度自信问题会加剧企业股价崩盘风险，而且证明了企业管理层任期异质性可以抑制企业管理者代理问题和过度自信问题。因此，本章接下来的中介效应检验将以依次检验法为主，采用 Sobel（1982）法和 Bookstrap 法做稳健性检验。

（2）中介效应模型构建

为了更加直观地呈现管理层任期异质性影响股价崩盘风险的内在机制的检验过程，本部分拟将本章前两节中检验管理者代理与过度自信影响股价崩盘风险的模型以及前两节我们检验 CEO 与 CFO 任期交错以及董事长与 CEO 任期交错影响管理者代理和过度自信的模型加以汇总展示如下：

$$Agency_{i,t} = \alpha_0 + \alpha_1 Dtenure_{i,t} + \sum_k \alpha_k Control_{i,t-1}^k + YearDum + IndDum + \xi_{i,t} \tag{5-9}$$

$$Overcfd_{i,t} = \gamma_0 + \gamma_1 Dtenure_{i,t} + \sum_k \gamma_k Control_{i,t-1}^k + YearDum + IndDum + \xi_{i,t} \tag{5-10}$$

$$Crash_{i,t} = \Phi_0 + \Phi_1 Agency_{i,t} + \sum_k \Phi_k \mathrm{Control}_{i,t-1}^k + YearDum + IndDum + \xi_{i,t} \tag{5-11}$$

$$Crash_{i,t} = \varphi_0 + \varphi_1 Overcfd_{i,t} + \sum_k \varphi_k Control_{i,t-1}^k + YearDum + IndDum + \xi_{i,t} \tag{5-12}$$

模型（5-9）与模型（5-10）分别检验管理层任期异质性对管理者代理和管理者过度自信的影响。其中，*Dtenure* 分别代表 CEO 与 CFO 任期交错（*Dtcc*）和董事长与 CEO 任期交错（*Dtdc*）。模型（5-11）与模型（5-12）分别检验了管理者代理与过度自信对股价崩盘风险的影响。依据依次检验法的思想，如果 α_1 与 γ_1 的估计值均小于 0，同时，Φ_1 与 φ_1 的估计值均大于 0，则可以证明管理者代理与过度自信是管理层任期异质性影响股价崩盘风险的中介变量，即管理层任期异质性通过影响管理者代理与过度自信来抑制股价崩盘风险。上述检验结果汇总于表 5-11。

出于稳健性考虑，我们采用 Sobel（1982）的方法来检验模型（5-

9）~（5-12）中 $\alpha_1 \times \Phi_1$ 与 $\gamma_1 \times \varphi_1$ 两组变量是否显著异于0，如果两者均显著异于0，则说明中介效用存在。检验结果见表5-12。

5.3.3 中介效应模型的检验结果

（1）基于依次检验的中介效应检验结果

基于管理者代理问题与过度自信的中介分析，即企业管理层任期异质性影响股价崩盘风险的内在机理的检验结果见表5-11。首先，表5-11第2~3列分别检验了CEO与CFO任期交错对管理者代理问题和过度自信的影响。结果显示，*Dtcc* 的系数均显著为负，表明CEO与CFO任期交错可以抑制代理问题和CEO过度自信。其次，表5-11第4~5列分别验证了董事长与CEO任期交错对管理者代理问题和过度自信的影响。结果显示，*Dtdc* 的系数均显著为负，说明董事长与CEO任期交错可以抑制企业的代理问题与过度自信问题。表5-11第6~9列给出了管理者代理与过度自信对股价崩盘风险的影响。结果显示，*Agency* 与 *Overcfd* 的系数均显著为正，说明管理者代理问题和过度自信均是导致股价崩盘重要原因。以上依次检验法表明管理者代理问题和过度自信是CEO与CFO任期交错对企业股价崩盘产生影响的中介变量，也是董事长与CEO任期交错抑制企业股价崩盘风险的中介变量。即管理层任期异质性通过同时影响管理者代理问题和过度自信对股价崩盘风险产生抑制作用。

表5-11 基于依次检验的中介效应检验结果

变量	$Agency_t$	$Overcfd_t$	$Agency_t$	$Overcfd_t$	$Ncskew_t$	$Duvol_t$	$Ncskew_t$	$Duvol_t$
$Dtcc_t$	−0.001** (−2.20)	−0.007*** (−5.34)						
$Dtdc_t$			−0.001*** (−3.14)	−0.006*** (−4.08)				

续表

变量	$Agency_t$	$Overcfd_t$	$Agency_t$	$Overcfd_t$	$Ncskew_t$	$Duvol_t$	$Ncskew_t$	$Duvol_t$
$Agency_{t-1}$					0.104* (1.76)	0.101* (1.76)		
$Overcfd_{t-1}$							0.032* (1.90)	0.033** (1.98)
$Broadsize_{t-1}$	-0.000 (-0.42)	-0.004* (-1.81)	-0.000 (-0.33)	-0.005** (-2.54)				
$Dual_{t-1}$	0.004* (1.68)	0.024** (2.25)	0.001 (0.67)	0.009 (0.93)				
Ms_{t-1}	0.004 (0.52)	0.532*** (11.97)	0.006 (0.71)	0.563*** (13.36)				
$Dsize_{t-1}$	0.046*** (2.60)	-0.084 (-1.17)	0.051*** (2.82)	-0.077 (-1.15)				
$Ceotime_{t-1}$	0.001* (1.73)	0.002 (1.40)	0.000 (1.12)	-0.002** (-2.07)				
$Cfotime_{t-1}$	0.000 (0.91)	-0.003*** (-2.97)						
$Dstime_{t-1}$			-0.000 (-0.33)	0.006*** (5.57)				
Ret_{t-1}					2.020*** (5.87)	1.802*** (5.59)	2.172*** (6.00)	1.906*** (5.58)
$Sigma_{t-1}$					11.435*** (6.11)	9.549*** (5.52)	12.518*** (6.29)	10.383*** (5.58)
Btm_{t-1}					-0.079*** (-6.63)	-0.073*** (-6.51)	-0.072*** (-5.98)	-0.066*** (-5.81)
Lev_{t-1}					0.034 (0.86)	0.002 (0.04)	0.008 (0.20)	-0.029 (-0.73)
$Turnover_{t-1}$					-0.028 (-1.12)	-0.018 (-0.73)	-0.025 (-1.01)	-0.017 (-0.67)

续表

变量	$Agency_t$	$Overcfd_t$	$Agency_t$	$Overcfd_t$	$Ncskew_t$	$Duvol_t$	$Ncskew_t$	$Duvol_t$
$Absacc_{t-1}$					0.083 (1.36)	0.041 (0.67)	0.109* (1.75)	0.066 (1.06)
$First_{t-1}$	-0.000*** (-8.15)	-0.001*** (-5.15)	-0.001*** (-9.32)	-0.001*** (-5.07)	-0.001** (-2.17)	-0.001** (-2.02)	-0.001** (-2.30)	-0.001** (-2.07)
Roa_t	-0.424*** (-12.32)	0.735*** (10.39)	-0.420*** (-13.96)	0.954*** (10.85)	-0.150 (-1.25)	-0.253** (-2.15)	-0.037 (-0.31)	-0.135 (-1.14)
$Size_{t-1}$	-0.024*** (-20.55)	-0.010*** (-2.84)	-0.026*** (-22.77)	-0.010*** (-2.73)	-0.017** (-2.34)	-0.018** (-2.51)	-0.011 (-1.51)	-0.011 (-1.47)
$Comp_{t-1}$	0.000*** (4.81)	0.000*** (2.97)	0.000*** (3.82)	0.000*** (3.28)	0.000 (1.00)	0.000 (1.12)	0.000 (0.41)	0.000 (0.42)
$Cons$	0.695*** (19.56)	0.420*** (5.52)	0.751*** (21.15)	0.395*** (4.98)	0.026 (0.16)	0.013 (0.08)	-0.010 (-0.06)	-0.041 (-0.24)
时间	有	有	有	有	有	有	有	有
行业	有	有	有	有	有	有	有	有
N	12192	11797	13992	13515	14611	14611	12647	12647

（2）基于 Sobel（1982）法以及 Bootstrap 法的检验结果

出于稳健性考虑，本章在表 5-12 中给出了基于 Sobel（1982）法以及 Bootstrap 法的中介效应检验结果。结果显示，首先，当分别以 *Ncskew* 以及 *Duvol* 作为被解释变量，以 *Dtcc* 为解释变量，以 *Agency* 为中介变量时，基于 Sobel（1982）法以及 Bootstrap 法的 Z 值均在 10%的水平上显著为负（见表 5-12 第 3~4 列，第 3~4 行），说明代理问题是 CEO 与 CFO 任期交错对股价崩盘风险产生影响的中介变量。同时，当以 *Overcfd* 作为中介变量时，基于 Sobel（1982）法以及 Bootstrap 法的 Z 值均在 1%的水平上显著为负（见表 5-12 第 5~6 列，第 5~6 行），说明管理者过度自信是 CEO 与 CFO 任期交错影响股价崩盘风险的中介变量。

其次，如果分别以 *Ncskew* 以及 *Duvol* 作为被解释变量，以 *Dtdc* 为解释变量，无论是以 *Agency* 还是 *Overcfd* 为中介变量，则基于 Sobel（1982）法以及 Bootstrap 法的 Z 值均在 1%的水平上显著为负（见表 5-12 第 5~6 行），说明代理问题和管理者过度自信都是董事长与 CEO 任期交错对股价崩盘风险产生影响的中介变量。

综上所述，企业管理层任期异质性可以通过抑制企业管理者代理问题和过度自信问题对企业股价崩盘风险产生积极作用，即企业管理者代理问题和过度自信问题是企业管理层任期异质性对企业股价崩盘风险产生抑制作用的中介变量。该结论与前文采用依次检验法所得的结论一致，说明了本章实证结论的稳健性。

表 5-12 基于 Sobel（1982）法以及 Bootstrap 法的检验结果

解释变量	检验方法	代理问题		过度自信	
		Ncskew	*Duvol*	*Ncskew*	*Duvol*
CEO 与 CFO 任期交错	Sobel Z 值	-1.85*	-1.90*	-2.85***	-2.88***
	Bootstrap Z 值	-1.89*	-1.84*	-2.93***	-2.69***
董事长与 CEO 任期交错	Sobel Z 值	-3.17***	-3.35***	-2.75***	-2.91***
	Bootstrap Z 值	-3.11***	-3.22***	-2.67***	-2.77***

5.4 本章小结

5.4.1 管理层任期异质性对代理成本和管理者过度自信的影响

（1）CEO 与 CFO 任期交错对代理成本和过度自信的影响

本章以管理费用占营业收入比率作为代理成本的度量变量，以 CEO 持股比例是否增加作为管理者过度自信的度量变量，分别检验了 CEO 与

CFO 任期交错对代理成本和管理者过度自信的影响。研究发现，CEO 与 CFO 任期交错不仅可以缓解企业代理成本，而且可以抑制管理者的过度自信行为。这体现了 CEO 与 CFO 任期交错对公司治理效果的良好影响。

（2）董事长与 CEO 任期交错对代理成本和过度自信的影响

同样采用管理费用占营业收入比率和 CEO 持股比例是否增加分别作为代理成本和管理者过度自信的代理变量，检验董事长与 CEO 任期交错对二者的影响。研究发现，董事长与 CEO 任期交错也可以抑制代理成本和管理者的过度自信行为。这表明，董事长与 CEO 同样具有良好的公司治理效果。

5.4.2 管理者代理与过度自信对股价崩盘风险的影响

本章将管理者代理与过度自信置于同一分析框架内，分别检验了二者对股价崩盘风险的影响。研究发现，无论是管理者代理还是过度自信均会导致股价崩盘风险。该研究的意义在于，一方面，现有关于股价崩盘风险成因的理论，要么单独考察管理者代理的作用，要么单独考察过度自信的作用，却很少有研究将二者置于同一框架下进行分析的，本章研究在一定程度上弥合了上述两种解释范式的鸿沟；另一方面，上述研究结论为本书研究管理层任期异质性影响股价崩盘风险的内在价值提供了理论和实证依据。

5.4.3 管理者任期异质性对股价崩盘风险产生影响的作用机制

通过中介效应检验，我们发现，第一，CEO 与 CFO 任期交错可以分别通过抑制管理者代理行为以及管理者过度自信行为来缓解企业股价崩盘风险，即管理者代理和过度自信是 CEO 与 CFO 任期交错影响股价崩盘风险的中介变量。第二，董事长与 CEO 任期交错也可以分别通过抑制管理者代理和过度自信来影响企业股价崩盘风险，即管理者代理和过度自信行为也是董事长与 CEO 任期交错对股价崩盘风险产生影响的中介变量。

总之，管理层任期异质性对股价崩盘风险的影响是分别通过抑制管理者代理和过度自信行为来实现的。

6 管理层任期异质性的适用环境分析

前文已经证明，管理层任期异质性可以显著地抑制股价崩盘风险，但前者对后者的抑制作用并非适用于任何给定的环境。在我国，国有企业与民营企业之间在人事任命以及公司治理水平上均存在显著差异，同时，CEO 权力集中以及股权集中等现象在我国上市公司中普遍存在，而且上述三种因素均可能影响管理层任期异质性对股价崩盘风险抑制作用的发挥。因此，本章将考察企业产权性质、CEO 权力以及大股东持股等三个因素对管理层任期异质性与股价崩盘风险之间关系的影响。在结构安排上，本章将分别从 CEO 与 CFO 任期交错和董事长与 CEO 任期交错两个视角进行研究。

6.1 理论分析及假设提出

6.1.1 CEO 与 CFO 任期交错适用环境分析

(1) CEO 权力对 CEO 与 CFO 任期交错和股价崩盘风险之间关系的影响

CEO 的权力大小会影响 CEO 与 CFO 任期交错和股价崩盘风险之间的关系。当 CEO 的权力比较大时，CFO 往往会表现出配合倾向。具体而言，当 CEO 权力足够大时，CEO 可以通过两种途径驱使 CFO 操纵会计信息：一是直接的交流（如口头威胁）；二是营造“过分强调达到短期会计业绩目标”的公司文化（Feng 等，2011）。如果 CFO 不能将公司业绩提升到 CEO 需要的水平，则可能影响其薪酬和职位。此时，如果 CEO 提出利己要求或是因过度自信做出了错误抉择，即使 CFO 与之意见不一致，迫于 CEO 的压力，也很可能会配合其隐瞒财务信息或进行过度投资。

当 CEO 权力较小时，公司的各项决策会体现包括 CEO 和 CFO 在内的众高管的意志（Adams 等，2005）。当 CEO 因利己动机或过度自信而做出错误判断时，如果 CEO 和 CFO 的意见不一致，CFO 通常会表现出抵制倾向，从而避免非效率投资决策的实施，进而缓解股价崩盘风险。基于以上分析，本章提出第一个假设：

假设 1：CEO 权力大时，CEO 与 CFO 任期交错对股价崩盘风险的影响较小或不显著；CEO 权力小时，二者任期交错对股价崩盘风险的影响较大或更加显著。

（2）不同产权性质对 CEO 与 CFO 任期交错和股价崩盘风险之间关系的影响

在我国，有两种不同产权性质的企业：国有企业和民营企业。两类企业在人事任命上存在显著差异，会影响 CEO 和 CFO 之间的关系。在国有企业中，CFO 是由国有资产管理部门任命或委派的（戴璐和汤谷良，2009），因此，CFO 的监督职能不容易被 CEO 影响。当 CEO 与 CFO 的意见不一致时，CFO 通常会选择不配合态度，从而可以抑制 CEO 的利己行为，最终缓解股价崩盘风险。相对而言，在民营企业中，CFO 的任命通常由 CEO 提名，经董事会同意后任命。可见，在民营企业中，CEO 对 CFO 有较强的任免权力，因此，CFO 对 CEO 的监督作用难以发挥，即使二者意见不统一，迫于 CEO 的权威，CFO 也只能配合。由此可见，不同产权性质下，CEO 与 CFO 任期交错对股价崩盘风险的作用效果是不同的。基于此，提出第二个假设：

假设2：在国有企业中，CEO与CFO任期交错对股价崩盘风险的影响较大或更加显著；在民营企业中，二者任期交错对股价崩盘风险的影响较小或不显著。

6.1.2 董事长与CEO任期交错适用环境分析

（1）大股东持股对董事长与CEO任期交错和股价崩盘风险之间关系的影响

董事制度的引入是因为在监督经理人方面，股东和董事的知识能力和成本存在着显著不同。董事通常是具有专业知识和能力的专业人士，更容易识别财务欺诈行为和非效率投资。当企业的股权结构比较分散时，董事的监督作用非常明显（Baldenius等，2014）。然而，当企业股权结构比较集中时，大股东在剩余所有权的驱动下，会增加监督动机，形成对董事监督的替代，减少对董事监督的依赖。如此，董事对经理人的监督作用被大股东监督削弱，从而董事长与CEO之间的关系对企业经营经济后果的影响也不再显著。也就是说，当企业股权集中时，董事长与CEO任期交错不会通过影响二者之间的关系来影响股价崩盘风险。本章用大股东持股比例来度量股权集中度，因此，本章提出第三个假设：

假设3：在大股东持股比例低的企业中，董事长与CEO任期交错会抑制企业股价崩盘风险；在大股东持股比例高的企业中，二者任期交错不会抑制企业股价崩盘风险。

（2）产权性质对董事长与CEO任期交错和股价崩盘风险之间关系的影响

在国有企业中，所有者缺失导致了严重的内部人控制问题，股东监督动机不足成为董事与经理人合谋的诱因。事实上，现有经验证据大多支持国有企业同民营企业相比面临着更严重的代理问题。例如，徐晓东等

（2003）认为，大股东为非国有股东的企业具有相对更高的治理效率，而且其经理人会受到企业内外广泛的监督。可见，在国有企业中，董事长与CEO之间更多地表现为合谋关系，而不是监督与被监督的关系。因此，可以预期，在国有企业中，董事长和CEO任期交错对二者之间关系产生的影响对股价崩盘风险的作用更显著，而在民营企业中，这种作用会减弱。鉴于此，本章提出第四个假设：

假设4：在国有企业中，董事长与CEO任期交错会显著地抑制股价崩盘风险；在民营企业中，该抑制作用不显著。

6.2 变量选取及模型设定

6.2.1 变量选取

对股价崩盘风险指标以及管理层任期异质性指标在第4章中已经进行了说明，在此不再赘述，只对CEO权力指标的选取与构建加以说明。

Finkelstein（1992）将权力定义为“个人施加其影响的能力”。根据上述定义，针对CEO权力的度量，应该能够反映CEO对企业决策的影响力和控制力。综观现有文献的做法，用来反映CEO权力的指标主要包括：CEO与董事长是否兼职、CEO是否为内部董事、CEO任职期限以及CEO持股等4个变量。

CEO与董事长是否兼职。该指标反映了CEO的组织权力。当董事长与CEO不是由一个人兼任的时候，二者之间的关系一般表现为监督与被监督的关系，在董事长的监督下，CEO对整个企业的控制力将受到制约，其权力比较小。相对而言，当董事长与CEO由同一人兼任的时候，其行为将很难被监督，其对公司的控制力不能被制衡，因此权力较大。当CEO与董事长兼职时，取值为 1，否则取值为 0。

CEO 是否为内部董事。根据委托—代理理论，董事会的存在，就是为了对以 CEO 为首的高管团队的行为加以制约，以使其经营决策满足股东利益最大化。当 CEO 属于内部董事成员后，董事会对其的监督力度将会大打折扣，从而其对企业的控制力所受到的制约将减弱。因此，当 CEO 为内部董事时，其权力较大；反之，当其不是内部董事时，则权力较小。当 CEO 为内部董事时，取 1，否则为 0。

CEO 任职期限。首先，从专家权力的角度讲，一方面，随着 CEO 任职期限的增加，其对企业所处的市场环境将更加熟悉，例如，对行业的竞争环境、行业的发展趋势等行业特征的了解；另一方面，CEO 任职期限越长，其对本公司的特点越了解，例如，公司在行业中的竞争地位、公司的历史沿革、公司即将面临的机遇及挑战等。CEO 对上述信息的了解，表明其对公司的一般知识和信息的了解和掌控较董事们更占优势，同时还可通过各种手段限制董事对信息的获取，这无疑增加了 CEO 对企业的控制权。其次，当 CEO 任期期限达到一定程度时，其经营能力便会受到董事会和股东的认可，将更加被倚重，这也提升了其对企业的控制力。再次，随着 CEO 任职期限的增加，其往往会组建一支以自己为中心的高管团队，这也在一定程度上削弱了董事会对其的制约。总之，CEO 任期越长，其权力越大。当 CEO 任期大于行业均值时，取值为 1，否则为 0。

CEO 持股。对某公司股份的持有权，意味着对该公司具有一定的所有权，所有权作为权力的一个重要指标，CEO 对其的持有必然会增加 CEO 的权力。CEO 持有公司股权时，既是管理者又是所有者，其拥有的股权占比越高，越能够影响董事会的选择过程，就越能抗拒董事会对管理层的制约，更有能力巩固自身的领导地位，更能决定企业的发展轨迹。由于我国股票市场发展较晚，管理层持股政策的实行更晚，并不是所有上市公司的

CEO 都只有本公司股票。因此，本书以 CEO 是否持股构建哑变量。如果 CEO 有持股，取值为 1，反之，取值为 0。

这 4 个变量分别从不同侧面反映了 CEO 的权力，但均不够全面。为了更加全面地刻画 CEO 的权力，本书借鉴何凡等（2015）的做法，在以上 4 个指标的基础上合成综合指标来反映 CEO 的权力。指标的构建采用两种方法：第一，对以上 4 个指标进行主成分分析，采用第一主成分来衡量 CEO 的权力大小，当该指标大于样本中位数时，取值为 1，否则为 0，以此得到第一个 CEO 权力指标 *Power*1；第二，对以上 4 个指标进行等权重平均，采用均值来衡量 CEO 权力，大于样本中位数取值为 1，否则为 0，如此便得到第二个 CEO 权力指标 *Power*2。

6.2.2　模型设计

为了考察不同环境下管理层任期异质性对股价崩盘风险的影响，本章在第 4 章基础回归模型的基础上，采取分组回归的方式来实现。基础模型如下：

$$Crash_{i,\ t} = \beta_0 + \beta_1 Dtenure_{i,\ t-1} + \sum_k \beta_k Control_{i,\ t-1}^k + YearDum + IndDum + \xi_{i,\ t} \tag{6-1}$$

其中，因变量 *Crash* 代表股价崩盘风险，分别由 *Ncskew* 和 *Duvol* 两个指标来度量。解释变量 *Dtenure*，分别代表 CEO 与 CFO 任期交错（*Dtcc*）和董事长与 CEO 任期交错（*Dtdc*）。*Control* 为控制变量集。此外，本书还加入了年度哑变量（*YearDum*）和行业哑变量（*IndDum*），以分别控制年度和行业固定效应。检验方法具体如下：

（1）CEO 与 CFO 任期交错适用环境检验

首先，对于 CEO 权力而言，分别在 CEO 权力较大组和较小组估计模型（6-1），根据本书理论分析，我们预计，只有在 CEO 权力较小组中

Dtcc 的系数才显著，在 CEO 权力较大组中，该系数不显著。

其次，分别在国有企业组和民营企业组中估计模型（6-1），以判断产权性质对 CEO 与 CFO 任期交错与股价崩盘风险之间关系的影响。我们预期，*Dtcc* 的系数只在国有企业组中显著，在民营企业组中不显著。

（2）董事长与 CEO 任期交错适用环境检验

首先，为了验证大股东持股对董事长与 CEO 任期交错和股价崩盘风险之间关系的影响，按照大股东持股比例高低将样本分为股权集中组和股权分散组，然后分别在两组中进行模型（6-1）的回归分析。如果本章假设 3 成立，那么相对于股权分散组，股权集中组中 *Dtdc* 的系数 β_1 的显著性水平会更低。其中，大股东持股比例高于全样本均值的属于股权集中组，低于全样本均值的属于股权分散组。

其次，我们将研究样本按企业产权性质划分为两组，即国有企业组和民营企业组，然后分别在两组中进行模型（6-1）的回归分析，以检验产权性质对董事长与 CEO 任期交错和股价崩盘风险之间关系的影响。如果假设 4 成立，那么在国有企业组中，*Dtdc* 的系数 β_1 的显著性应更高。

6.3 实证结果分析

6.3.1 检验 CEO 与 CFO 任期交错适用环境的实证结果

（1）CEO 与 CFO 任期交错对股价崩盘风险的影响：基于 CEO 权力的分组检验

表 6-1 报告了 CEO 权力对 CEO 与 CFO 任期交错和股价崩盘风险之间关系的影响。其中，表 6-1 中，第 2~5 列报告了以 *Power*1 区分 CEO 权力大小时的回归结果。结果显示，在 CEO 权力较小的情况下，*Dtcc* 的系数分

别在接近10%和10%的水平上显著为负；而CEO权力比较大时，两个系数均不显著。当以*Power*2来区分CEO权力大小时，回归结果相似（见表6-1第6~9列）。这说明，CEO权力可以影响CEO与CFO任期交错和股价崩盘风险之间的关系，CEO权力比较大时，CEO与CFO任期交错不能对股价崩盘风险产生抑制作用；只有CEO权力比较小时，CEO与CFO任期交错才能发挥抑制作用。

（2）CEO与CFO任期交错对股价崩盘风险的影响：基于产权性质的分组检验

表6-2列出了区分产权性质下，CEO与CFO任期交错对股价崩盘风险的影响。其中，第2~3列显示，在国有企业中，*Dtcc*的系数均显著为负；而在民营企业中，*Dtcc*的系数均不显著。以上结果表明，产权性质确实可以影响CEO与CFO任期交错和股价崩盘风险之间的关系，即在国有企业中，CEO与CFO任期交错对股价崩盘风险的抑制作用比较显著；在民营企业中，CEO与CFO任期交错不会对股价崩盘风险产生显著影响。

表 6 - 1 CEO 与 CFO 任期交错对股价崩盘风险的影响(区分 CEO 权力大小)

	权力大 Power1 = 1		权力小 Power1 = 0		权力大 Power2 = 1		权力小 Power2 = 0	
变量	$Ncskew_t$	$Duvol_t$	$Ncskew_t$	$Duvol_t$	$Ncskew_t$	$Duvol_t$	$Ncskew_t$	$Duvol_t$
$Dtcc_{t-1}$	-0.001 (-0.37)	-0.003 (-0.74)	-0.005 (-1.55)	-0.005* (-1.67)	-0.001 (-0.19)	-0.003 (-0.58)	-0.004 (-1.56)	-0.005* (-1.75)
$First_{t-1}$	-0.001 (-1.59)	-0.001* (-1.68)	-0.000 (-0.83)	-0.000 (-0.38)	-0.001 (-0.99)	-0.001 (-1.03)	-0.001 (-1.10)	-0.000 (-0.67)
Ret_{t-1}	1.878*** (2.87)	2.131*** (3.46)	2.596*** (5.11)	2.087*** (4.38)	2.065** (2.49)	2.187*** (2.85)	2.518*** (5.43)	2.154*** (4.94)
$Sigma_{t-1}$	11.511*** (3.14)	11.879*** (3.57)	13.938*** (5.14)	10.680*** (4.21)	11.915** (2.54)	11.667*** (2.80)	13.903*** (5.63)	11.393*** (4.91)
Roa_t	0.015 (0.07)	-0.060 (-0.29)	-0.138 (-0.84)	-0.232 (-1.46)	0.522* (1.87)	0.411 (1.58)	-0.269* (-1.83)	-0.351** (-2.43)
Btm_{t-1}	-0.091*** (-3.97)	-0.080*** (-3.75)	-0.076*** (-4.72)	-0.073*** (-4.73)	-0.098*** (-3.35)	-0.088*** (-3.27)	-0.073*** (-4.97)	-0.068*** (-4.83)
Lev_{t-1}	-0.081 (-1.14)	-0.102 (-1.48)	0.067 (1.19)	0.027 (0.49)	0.020 (0.23)	-0.004 (-0.05)	0.010 (0.19)	-0.030 (-0.60)
$Size_{t-1}$	-0.009 (-0.67)	-0.009 (-0.68)	-0.014 (-1.37)	-0.013 (-1.29)	-0.005 (-0.33)	-0.007 (-0.40)	-0.016* (-1.68)	-0.015 (-1.64)

续表

	权力大 Power1 = 1		权力小 Power1 = 0		权力大 Power2 = 1		权力小 Power2 = 0	
变量	$Ncskew_t$	$Duvol_t$	$Ncskew_t$	$Duvol_t$	$Ncskew_t$	$Duvol_t$	$Ncskew_t$	$Duvol_t$
$Turnover_{t-1}$	-0.006 (-0.15)	0.004 (0.09)	-0.031 (-0.86)	-0.017 (-0.49)	-0.046 (-0.94)	-0.031 (-0.64)	-0.012 (-0.38)	-0.002 (-0.06)
$Absacc_{t-1}$	0.091 (0.81)	0.063 (0.57)	0.143* (1.73)	0.087 (1.04)	0.154 (1.10)	0.111 (0.80)	0.119 (1.57)	0.072 (0.94)
$Comp_{t-1}$	0.000 (1.09)	0.000 (0.45)	-0.000 (-0.60)	-0.000 (-0.37)	0.000 (0.30)	0.000 (0.08)	-0.000 (-0.07)	-0.000 (-0.19)
$Cons$	0.003 (0.01)	-0.015 (-0.05)	0.014 (0.06)	-0.036 (-0.15)	-0.135 (-0.35)	-0.088 (-0.23)	0.076 (0.34)	0.023 (0.11)
时间	有	有	有	有	有	有	有	有
行业	有	有	有	有	有	有	有	有
N	4504	4504	7029	7029	3182	3182	8351	8351

注：***、**、*分别表示在1%、5%和10%水平上显著，括号中是经过 White 异方差修正后的 t 值。以下类同。

表 6-2　CEO 与 CFO 任期交错对股价崩盘风险的影响（区分产权性质）

	国有企业		民营企业	
变 量	$Ncskew_t$	$Duvol_t$	$Ncskew_t$	$Duvol_t$
$Dtcc_{t-1}$	-0.010** (-2.39)	-0.009** (-2.34)	0.003 (0.67)	0.003 (0.55)
$First_{t-1}$	-0.002 (-1.33)	-0.002 (-1.27)	-0.002 (-1.23)	-0.002 (-1.14)
Ret_{t-1}	0.836* (1.69)	0.604 (1.30)	1.506** (2.03)	1.453** (2.11)
$Sigma_{t-1}$	4.567* (1.66)	2.910 (1.13)	10.549** (2.55)	9.934*** (2.62)
Roa_t	-0.540** (-2.32)	-0.601*** (-2.73)	-0.490* (-1.94)	-0.562** (-2.34)
Btm_{t-1}	-0.112*** (-5.17)	-0.109*** (-5.51)	-0.106*** (-3.12)	-0.105*** (-3.07)
Lev_{t-1}	-0.066 (-0.62)	-0.106 (-1.02)	0.025 (0.20)	-0.011 (-0.09)
$Size_{t-1}$	0.052* (1.77)	0.058** (2.02)	0.073** (2.16)	0.083** (2.42)
$Turnover_{t-1}$	-0.001 (-0.01)	0.001 (0.02)	-0.070* (-1.78)	-0.068* (-1.75)
$Absacc_{t-1}$	0.102 (1.08)	0.066 (0.68)	-0.074 (-0.68)	-0.120 (-1.10)
$Comp_{t-1}$	0.000 (1.63)	0.000* (1.72)	-0.000 (-0.38)	0.000 (0.01)
$Cons$	-1.181* (-1.90)	-1.310** (-2.17)	-1.156* (-1.71)	-1.436** (-2.09)
时间	有	有	有	有
行业	有	有	有	有
N	6754	6754	5028	5028

6.3.2 检验董事长与 CEO 任期交错适用环境的实证结果

（1）董事长与 CEO 任期交错对股价崩盘风险的影响：基于大股东持股的分组检验

为了考察大股东持股对董事长与 CEO 任期交错与股价崩盘风险之间关系的影响，本章按大股东持股比例高低将样本分组，然后分别进行回归分析，表 6-3 列出了回归结果。结果显示，在股权集中组中，无论是以 *Dcskew* 还是 *Duvol* 作为股价崩盘风险指标，*Dtdc* 的估计系数在统计上均不显著；而在股权分散组中，两个估计系数均为-0.008，而且分别在 5%和 1%的水平上通过了显著性检验。这说明大股东持股确实可以影响董事长与 CEO 任期交错对股价崩盘风险的抑制作用，大股东持股比例越高，这种抑制作用越弱。该结论支持本章假设 3 的预期。

表 6-3 董事长与 CEO 任期交错对股价崩盘风险的影响（区分股权集中度）

	股权集中组（大股东持股比例高）		股权分散组（大股东持股比例低）	
变 量	$Ncskew_t$	$Duvol_t$	$Ncskew_t$	$Duvol_t$
$Dtdc_{t-1}$	-0.005 (-0.71)	-0.006 (-0.94)	-0.008** (-2.57)	-0.008*** (-2.72)
$First_{t-1}$	-0.004** (-2.11)	-0.004** (-2.31)	-0.001 (-1.41)	-0.001 (-1.17)
Ret_{t-1}	1.947*** (2.61)	1.756** (2.55)	2.198*** (4.82)	1.922*** (4.49)
$Sigma_{t-1}$	10.897*** (2.64)	9.080** (2.42)	12.420*** (4.97)	10.270*** (4.43)
Roa_t	0.459 (1.11)	0.087 (0.21)	-0.062 (-0.31)	-0.194 (-0.97)
Btm_{t-1}	-0.108*** (-3.18)	-0.125*** (-3.74)	-0.093*** (-4.89)	-0.081*** (-4.49)

续表

	股权集中组（大股东持股比例高）		股权分散组（大股东持股比例低）	
变 量	$Ncskew_t$	$Duvol_t$	$Ncskew_t$	$Duvol_t$
Lev_{t-1}	0. 178 (1. 62)	0. 124 (1. 16)	0. 008 (0. 17)	-0. 026 (-0. 53)
$Size_{t-1}$	-0. 026 (-1. 38)	-0. 016 (-0. 88)	-0. 007 (-0. 74)	-0. 010 (-1. 03)
$Turnover_{t-1}$	0. 008 (0. 12)	0. 011 (0. 17)	-0. 016 (-0. 50)	-0. 006 (-0. 20)
$Absacc_{t-1}$	0. 152 (0. 75)	0. 090 (0. 44)	0. 165 (1. 47)	0. 123 (1. 11)
$Comp_{t-1}$	0. 000 (0. 26)	0. 000 (0. 23)	0. 000 (0. 37)	0. 000 (0. 50)
cons	0. 551 (1. 24)	0. 311 (0. 72)	0. 022 (0. 08)	0. 068 (0. 27)
时间	有	有	有	有
行业	有	有	有	有
N	2414	2414	9058	9058

（2）董事长与 CEO 任期交错对股价崩盘风险的影响：基于产权性质的分组检验

表 6-4 给出了区分产权性质情况下，董事长与 CEO 任期交错对股价崩盘风险的影响。结果显示，在国有企业组中，当分别以 *Ncskew* 和 *Duvol* 作为股价崩盘风险指标时，*Dtdc* 的系数估计值均为-0. 007，而且均在 10%的水平上显著；然而在民营企业组中，*Dtdc* 的系数估计值均通过 10%的显著性检验。这表明，在我国董事长与 CEO 任期交错对股价崩盘风险的抑制作用会受到企业产权性质的影响。在国有企业中，该抑制作用比较显著，而在民营企业中，该作用并不显著。以上结果符合假设 4 的预期。

表 6-4　董事长与 CEO 任期交错对股价崩盘风险的影响（区分产权性质）

	国有企业组		民营企业组	
变 量	$Ncskew_t$	$Duvol_t$	$Ncskew_t$	$Duvol_t$
$Dtdc_{t-1}$	-0.007* (-1.87)	-0.007* (-1.77)	-0.004 (-1.03)	-0.006 (-1.54)
$First_{t-1}$	-0.001 (-1.35)	-0.001 (-1.12)	-0.002** (-2.21)	-0.001** (-2.04)
Ret_{t-1}	1.451*** (3.13)	1.301*** (2.99)	3.056*** (4.70)	2.739*** (4.51)
$Sigma_{t-1}$	6.857*** (2.66)	5.429** (2.27)	18.567*** (5.16)	16.064*** (4.84)
Roa_t	-0.130 (-0.52)	-0.304 (-1.22)	0.285 (1.08)	0.136 (0.52)
Btm_{t-1}	-0.108*** (-5.30)	-0.106*** (-5.37)	-0.077*** (-2.59)	-0.061** (-2.18)
Lev_{t-1}	0.111* (1.75)	0.067 (1.07)	0.007 (0.11)	-0.027 (-0.42)
$Size_{t-1}$	-0.013 (-1.16)	-0.008 (-0.79)	-0.002 (-0.11)	-0.007 (-0.50)
$Turnover_{t-1}$	0.054 (1.35)	0.053 (1.33)	-0.063 (-1.52)	-0.044 (-1.07)
$Absacc_{t-1}$	0.167 (1.29)	0.131 (1.02)	0.107 (0.72)	0.039 (0.26)
$Comp_{t-1}$	0.000 (1.29)	0.000* (1.74)	-0.000 (-1.49)	-0.000* (-1.68)
$cons$	-0.060 (-0.23)	-0.150 (-0.59)	0.381 (0.93)	0.408 (1.07)
时间	有	有	有	有
行业	有	有	有	有
N	6868	6868	5030	5030

6.4 本章小结

本章从产权性质、CEO 权力以及大股东持股等三个角度，考察了管理层任期异质性对股价崩盘风险发挥抑制作用所需的环境条件。在研究过程中我们采用了分组回归的方法，研究发现具体如下：

首先，对于 CEO 与 CFO 任期交错而言，研究结果表明，CEO 权力会影响 CEO 与 CFO 任期交错与股价崩盘风险之间的关系。当 CEO 权力比较大时，CEO 与 CFO 任期交错对股价崩盘风险没有积极作用；当 CEO 权力比较小时，二者任期交错可以显著地抑制股价崩盘风险。另外，产权性质会影响 CEO 与 CFO 任期交错和股价崩盘风险之间的关系。在国有企业中，CEO 与 CFO 任期交错可以有效抑制股价崩盘风险，而在民营企业中，这种抑制效果不明显。

其次，对于董事长与 CEO 任期交错而言，我们发现，大股东持股会影响董事长与 CEO 任期交错对股价崩盘风险的抑制作用。当大股东持股比例较高时，董事长与 CEO 任期交错不能显著地影响股价崩盘风险；当大股东持股比例较低时，二者任期交错可以有效抑制股价崩盘风险的发生。此外，我们还发现，企业的产权性质也会影响董事长与 CEO 任期交错与股价崩盘风险之间的关系。董事长与 CEO 任期交错对股价崩盘风险的抑制作用在国有企业中比较显著，但在民营企业中并不显著。总之，本章理论分析和实证结论均表明，董事长与 CEO 任期交错具有积极的治理作用，但这种作用的发挥具有“情景效应”。

此外，由于大股东持股对 CEO 与 CFO 与股价崩盘风险的关系的影响在统计上不显著，因此，实证结果未给出。可能的原因在于，CEO 与 CFO 都是财务信息的披露质量的重要决定者，二者对大股东均具有信息上的优势。即使大股东持股比例非常高，有强烈的意愿去监督高管行为，但由于所掌握财务信息太少，也无法实行有效监督。因此，大股东持股高低并不能影响 CEO 与 CFO 任期交错对股价崩盘风险的影响。

同时，CEO 权力大小对董事长与 CEO 任期交错和股价崩盘风险的关系的影响在统计上也不显著，其实证结果也未给出。原因是，我国的上市公司中，董事长是企业最高管理者，CEO 是其下属。CEO 权力的大小并不能改变董事长与 CEO 的从属关系，也不能影响二者之间的关系性质（监督与被监督关系或合谋关系）。因此，CEO 权力并不能影响董事长与 CEO 任期交错对股价崩盘风险的抑制作用。

本章的理论分析和实证结论进一步加深了我们对管理层任期异质性与股价崩盘风险之间关系的认识。

7 主要结论及政策建议

7.1 主要结论

本书以企业管理层任期异质性为研究视角，综合运用理论分析和实证分析等研究方法，考察了股价崩盘风险的成因。本书的具体实证结论归纳如下：

7.1.1 管理者任期异质性可以抑制股价崩盘风险

（1）CEO 与 CFO 任期交错可以抑制股价崩盘风险

以我国 2001—2016 年 A 股上市公司为样本，考察了 CEO 与 CFO 任期交错对股价崩盘风险的影响。研究结果表明，CEO 与 CFO 任期交错可以抑制股价崩盘风险，经过稳健性检验后，结果依然成立。进一步研究发现，CEO 权力会影响 CEO 与 CFO 任期交错和股价崩盘风险之间的关系。

（2）董事长与 CEO 任期交错可以抑制股价崩盘风险

为了进一步考察企业管理层任期异质性对股价崩盘风险的影响，本书采用同样的方法考察了董事长与 CEO 任期交错对股价崩盘风险的影响。研究发现，董事长与 CEO 任期交错可以有效抑制股价崩盘风险。

7.1.2 管理者任期异质性对股价崩盘风险影响的内在机制

（1）CEO 与 CFO 任期交错对代理成本和过度自信的影响

以管理费用占营业收入比率作为代理成本的度量变量、以 CEO 持股比例是否增加作为管理者过度自信的度量变量，分别检验了 CEO 与 CFO 任期交错对代理成本和管理者过度自信的影响。研究发现，CEO 与 CFO 任期交错不仅可以缓解企业代理成本，还可以抑制管理者的过度自信行为。这体现了 CEO 与 CFO 任期交错对公司治理效果的良好影响。

（2）董事长与 CEO 任期交错对代理成本和过度自信的影响

同样采用管理费用占营业收入比率和 CEO 持股比例是否增加分别作为代理成本和管理者过度自信的代理变量，检验董事长与 CEO 任期交错对二者的影响。研究发现，董事长与 CEO 任期交错也可以抑制代理成本和管理者的过度自信行为。这表明，董事长与 CEO 任期交错同样具有良好的公司治理效果。

（3）管理者代理和过度自信均可导致股价崩盘风险

通过构建代理模型和过度自信模型，将管理者代理和管理者过度自信纳入同一框架下，对引致企业股价崩盘风险的理性与非理性两类范式进行了区分检验，并在进一步分析中，探讨了不同情境下二者与股价崩盘风险之间的关系。本书研究表明，管理者代理和管理者过度自信都会导致股价崩盘风险。

（4）管理者任期异质性对股价崩盘风险产生影响的作用机制

通过中介效应检验，我们发现，第一，CEO 与 CFO 任期交错可以分别通过抑制管理者代理行为以及管理者过度自信行为来缓解企业股价崩盘风险，即管理者代理和过度自信是 CEO 与 CFO 任期交错影响股价崩盘风险的中介变量。第二，董事长与 CEO 任期交错也可以分别通过抑制管理者代理和过度自信来影响企业股价崩盘风险，即管理者代理和过度自信行为也是董事长与 CEO 任期交错对股价崩盘风险产生影响的中介变量。

7.1.3 管理层任期异质性对股价崩盘风险发挥抑制作用的适用环境

由于产权性质、CEO 权力以及大股东持股均可能影响管理层成员之间的关系，从而影响管理者的代理问题和过度自信问题，进而影响企业信息透明度，最终可能影响股价崩盘风险。因此，我们分别以上述三个因素为视角，考察了管理层任期异质性对股价崩盘风险发挥抑制作用所需的环境条件。在研究过程中我们采用了分组回归的方法，研究发现具体如下：

首先，对于 CEO 与 CFO 任期交错而言，研究结果表明，CEO 权力会影响 CEO 与 CFO 任期交错与股价崩盘风险之间的关系。由于当 CEO 权力较大时，CFO 无论是否与 CEO 达成一致意见，均会屈从于 CEO，因此，在这种情况下，CEO 与 CFO 任期交错对股价崩盘风险没有积极作用；当 CEO 权力比较小时，如果二者任期不一致，当 CFO 面对 CEO 提出的利己诉求或不合理决策时，其会不予配合，从而降低故意隐瞒公司坏消息的可能性，最终降低股价崩盘风险，因此，二者任期交错可以显著地抑制股价崩盘风险。另外，产权性质会影响 CEO 与 CFO 任期交错和股价崩盘风险之间的关系。在国有企业中，由于管理层的任命均由国资委或地方政府决定，因此，管理层的任期异质性更容易影响彼此之间的关系，从而影响管理者的行为。反之，在民营企业中，CFO 作为 CEO 的下属，其职业生涯和薪酬契约均直接受 CEO 的影响，二者在任期方面的差异并不能影响 CFO 的行为，也就无法影响企业信息透明度，最终也无法影响企业股价崩盘风险。因此，在国有企业中，CEO 与 CFO 任期交错可以有效抑制股价崩盘风险，而在民营企业中，这种抑制效果不明显。

其次，对于董事长与 CEO 任期交错而言，我们发现，大股东持股会影响董事长与 CEO 任期交错对股价崩盘风险的抑制作用。当大股东持股比例较高时，大股东的自主“监督效应”替代了董事长对 CEO 的监督作用，因此，董事长与 CEO 任期交错与否均不会显著地影响股价崩盘风险；当大股东持股比例较低时，股东之间存在“搭便车”行为，股东的“监督效应”无法发挥，此时董事长与 CEO 任期交错可以有效抑制股价崩盘风险的发生。此外，我们还发现，企业的产权性质也会影响董事长与 CEO 任期交错与股价崩盘风险之间的关系。由于国有企业中普遍存在着所有者缺位问题，因此，正式的公司治理制度难以约束管理者的行为，但董事长与 CEO 任期交错这种非正式制度却可以发挥良好的治理效果，使董事长与 CEO 之间形成监督关系，从而避免 CEO 的代理行为和过度自信行为，进而提高企业信息透明度，最终抑制股价崩盘风险。但在民营企业中，公司治理水平相对较高，董事长与 CEO 任期交错这种非正式制度难以发挥作用，因此，二者的任期交错就不能对股价崩盘风险起到抑制作用。总之，本章理论分析和实证结论均表明，董事长与 CEO 任期交错具有积极的治理作用，但这种作用的发挥具有“情景效应”。

7.2 研究启示

上述研究结果表明，第一，导致股价崩盘风险的根本原因是管理者对企业信息的故意窖藏，而管理者的信息窖藏行为，既可以通过基于理性人假设的委托—代理理论来解释，也可以通过基于非理性人假设的管理者过度自信理论来解释。

第二，企业管理层任期异质性所导致的团队成员之间的沟通障碍和相互不信任确实可以在一定程度上避免团队成员之间形成合谋关系，从而保护投资者的利益，发挥正面的公司治理作用。这种正面公司治理作用具体表现为对企业股价崩盘风险的抑制作用。

第三，企业管理层任期异质性对股价崩盘风险的抑制作用可以通过两种途径来实现：第一种，通过抑制管理者代理行为；第二种，通过抑制管理者过度自信。

第四，诸如CEO权力、企业大股东持股以及产权性质等因素对企业管理层任期异质性的公司治理效用的调节作用表明，企业的各项公司治理手段及特征之间存在着复杂的相互关系。这种相互关系不仅影响着每种治理手段的治理效果，而且影响着整个企业公司治理体系的作用效果。

7.3 政策建议

结合本书的研究结论，我们分别从外部投资者角度、企业角度以及外部监管部门角度提出如下政策建议：

7.3.1 针对外部投资者的对策建议

包括机构投资者和个人投资者在内的所有外部投资者进行股票投资时，均会依据自己所掌握的关于该股票的信息估计股票的内在价值，从而决定投资与否。然而，关于企业重要信息的全面性和准确性问题恰恰是困扰外部投资者的首要问题。正如本书理论分析过程中所提到的，企业的内部管理者无论是出于自利动机还是过度自信都会刻意隐瞒企业的重要信息。企业内部管理者的信息隐瞒行为导致的直接后果是外部投资者在企业信息上的劣势，这种信息上的劣势通常是导致投资损失的根本原因。

实际上，即使企业管理者不存在代理行为和过度自信行为，出于对企业竞争力的保护，企业的重要投资计划也不会轻易公开。也就是说，外部投资者与企业内部管理者之间的信息不对称是一种自然现象，不可避免。因此，对于外部投资者而言，除了以企业公开的财务信息和投资信息为投资依据，还应找到其他关于企业盈利能力的佐证。

根据本书的理论分析和实证结论，企业管理层任期异质性作为一种正面的公司治理特征，恰恰为外部投资者提供了一种投资佐证。具体地，外部投资者可以根据企业管理层是否存在异质性以及异质性程度来间接判断企业的代理成本以及管理者的理性程度，同时结合所掌握的关于企业的财务信息和投资信息来做出投资决策。

7.3.2 针对企业公司治理的对策建议

所有权与经营权的分离是市场经济发展到一定阶段的必然产物，是人类智慧的结晶。股东提供的资本与企业家提供的企业家才能紧密结合，无疑极大地提高了资源的配置效率。然而，所有权与经营权的分离却是一把“双刃剑”，在提高资源配置效率的同时，其导致的代理成本一直是困扰股东的重要难题。因此，以降低代理成本为目的的公司治理体系得以形成和发展，如董事会制度、独立董事制度以及高管持股计划等。虽然现有的公司治理体系在抑制代理问题上已经收到良好效果，但随着商业经济的发展，新问题的出现也不断挑战着现有公司治理体系。因此，现有的公司治理体系需要不断完善，以适应商业经济的发展潮流。结合本书的实证结论，针对现有公司治理体系，本书提出如下建议：

第一，现有的公司治理研究和实务对公司治理制度的构建重视有余，但对公司治理制度与规则的执行效率却缺乏关注，这可能导致良好的公司治理制度形同虚设。因此，如何提高公司治理规则的执行效率问题必须受到重视。本书以股价崩盘风险为研究视角，考察企业管理层任期异质性的公司治理效应，为如何提高公司治理规则的执行效率提供了一定参考。具体地，管理层任期异质性可以避免高管之间形成合谋关系，这可以促使各高管各司其职、照章办事，提高了公司治理机制的运作效率。因此，本书建议企业在进行高管的人事任命上，尤其是国有企业中，应尽量提高各成员之间任职期限的差异。

第二，代理问题一直受到学术界和实务界的关注，因此，现有公司治理制度框架主要是以代理成本为基础构建。然而，随着行为经济学的发展，人们发现经理人的一些非理性行为给股东造成的损失不亚于代理成本。因此，如何完善现有的公司治理体系，以削弱或避免管理者的非理性行为所造成的后果是目前学术界和实务界面临的难题。本书研究发现，管理层任期异质性不仅可以通过抑制管理者代理来影响股价崩盘风险，而且可以通过抑制管理者过度自信来影响股价崩盘风险。结合本书的这一发现，我们建议企业可以考虑通过调整管理层成员的任期结构来控制管理者的过度自信行为，以完善现有的公司治理体系。

第三，CEO 权力对企业经营管理和公司治理的影响也是近年来学术界关注的热点问题，但其对企业的影响如何，学者们并未给出一致结论。本书的实证结果表明，权力较大的 CEO 会影响 CEO 与 CFO 任期交错治理效应的发挥，而这主要是因为 CEO 权力越大，CEO 的代理行为和过度自信行为越不容易被监督和约束，这说明较大的 CEO 权力具有负面的公司治理效应。结合本书的研究结论，我们认为，企业应该对 CEO 的权力适当加以控制，以缓解 CEO 代理行为和过度自信行为导致的不良后果。

第四，本书还发现，大股东持股比例高低可以影响董事长与 CEO 任期交错对股价崩盘风险的抑制作用。这主要是因为较高的持股比例激发了大股东对管理者的监督意愿，形成了对董事会监督作用的替代，这说明，在我国，股权集中具有正面的公司治理效用。因此，本书建议，在不影响资金获得的前提下，企业大股东的持股比例应维持在一定水平以上。

第五，本书的研究结论还表明，企业公司治理体系中各个要素之间存在着相互作用，例如，CEO 权力、大股东持股比例以及产权性质均对管理层任期异质性治理效应的发挥起到调节作用。因此，本书建议，企业在构建公司治理框架时，应该对各个公司治理要素之间的相互作用加以考虑，以提高公司治理效率。

7.3.3 针对外部监管机构的政策建议

股价崩盘风险不仅直接损害了广大中小投资者的利益，也严重危害着证券市场的健康发展。证券监督管理机构作为外部投资者的利益代言人，以及维护我国证券市场健康发展的使者，一直以来都在为我国证券市场的稳定与发展以及对投资者的保护不懈努力。例如，2005 年 9 月 4 日开始全面推进的股权分置改革，彻底结束了一直困扰我国证券市场健康发展的同股不同权问题；再如 2010 年开始执行的融资融券政策，结束了我国股票市场只能进行单边交易的历史，为股票市场的稳定发展和投资者的保护提供了必要的制度基础。

然而，就像社会科学的其他领域一样，我国证券市场不断有新的问题出现，需要监管机构去应对。因此，针对证券市场的监督手段和治理制度需要不断地更新和完善。本书的研究结论恰恰为我国证券监督管理机构监督手段的改进和制度体系的更新提供了新的考量。

我国现有的针对上市公司的监管体系是建立在传统的公司治理和企业管理理论框架下的，如董事会制度、独立董事制度、财务信息的强制披露等，更注重公司治理制度体系的构建，而对于如何提高公司治理制度的贯彻和执行效率却关注不足。本书研究正是从如何提高公司治理效率的角度出发，探讨企业管理层任期异质性对股价崩盘风险的抑制作用，无论是理论分析过程还是实证研究结论，都为监管机构针对上市公司的监管制度体系的构建提供了新的理论依据。即监管机构可以将企业管理层成员之间在背景特征上的差异作为衡量企业公司治理效率的评价因素之一。

参考文献

［1］曾春华，章翔，胡国柳．高溢价并购与股价崩盘风险：代理冲突抑或过度自信？［J］．商业研究，2017（6）：124-130.

［2］陈冬华，陈信元，万华林．国有企业中的薪酬管制与在职消费［J］．经济研究，2005（2）：92-101.

［3］陈国进，张贻军，王磊．股市崩盘现象研究评述［J］．经济学动态，2008（11）：116-120.

［4］陈国进，张贻军．异质信念、卖空限制与我国股市的暴跌现象研究［J］．金融研究，2009（4）：80-91.

［5］程兆谦，蒋璐．知识团队成员多样性的管理策略：以中国文化为背景［J］．科学学与科学技术管理，2008，29（4）：179-184.

［6］褚剑，方军雄．政府审计的外部治理效应：基于股价崩盘风险的研究［J］．财经研究，2017，43（4）：133-145.

［7］戴璐，汤谷良．财务负责人的公司治理角色与战略管理角色冲突——基于调查问卷的分析［J］．南京审计学院学报，2009，6（4）：6-10.

［8］邓可斌，周小丹．独立董事与公司违规：合谋还是抑制［J］．山西财经大学学报，2012（11）：84-94.

［9］董红晔．财务背景独立董事的地理邻近性与股价崩盘风险［J］．山西财经大学学报，2016，38（3）：113-124.

［10］方杰，张敏强．中介效应的点估计和区间估计：乘积分布法、非参数 Bootstrap 和 MCMC 法［J］．心理学报，2012，44（10）：1408-1420.

[11] 高辉．上市公司 CEO 薪酬与绩效关系研究 [J]．北京大学学报（哲学社会科学版），2006（S1）：81-86.

[12] 何凡，张欣哲，郑珺．CEO 权力、CFO 背景特征与会计信息质量 [J]．中南财经政法大学学报，2015（5）：108-116.

[13] 胡国柳，宛晴．董事高管责任保险能否抑制股价崩盘风险——基于中国 A 股上市公司的经验数据 [J]．财经理论与实践，2015，36（6）：38-43.

[14] 黄寿昌，陈星光，李朝晖．管理层异质性与管理层薪酬契约效率 [J]．山西财经大学学报，2011（1）：72-79.

[15] 江轩宇，许年行．企业过度投资与股价崩盘风险 [J]．金融研究，2015（8）：141-158.

[16] 江轩宇，伊志宏．审计行业专长与股价崩盘风险 [J]．中国会计评论，2013（2）：133-150.

[17] 江轩宇，许年行．企业过度投资与股价崩盘风险 [J]．金融研究，2015（8）：141-158.

[18] 江轩宇．税收征管、税收激进与股价崩盘风险 [J]．南开管理评论，2013，16（5）：152-160.

[19] 姜付秀，朱冰，唐凝．CEO 和 CFO 任期交错是否可以降低盈余管理？[J]．管理世界，2013，232（1）：158-167.

[20] 李建标，李帅琦，王鹏程．两职分离形式的公司治理效应及其滞后性 [J]．管理科学，2016，29（1）：53-69.

[21] 李维安，武立东．企业集团的公司治理——规模起点、治理边界及子公司治理 [J]．南开管理评论，1999（4）：4-8.

[22] 李小荣，刘行．CEO vs CFO：性别与股价崩盘风险 [J]．世界经济，2012（12）：102-129.

[23] 李小荣，董红晔，张瑞君．企业 CEO 权力影响银行贷款决策

吗？[J]. 财贸经济，2015，36（7）：81-95.

[24] 李云鹤. 公司过度投资源于管理者代理还是过度自信 [J]. 世界经济，2014（12）：95-117.

[25] 李增泉，孙铮，王志伟. “掏空”与所有权安排——来自我国上市公司大股东资金占用的经验证据 [J]. 会计研究，2004（12）：3-13.

[26] 梁权熙，曾海舰. 独立董事制度改革、独立董事的独立性与股价崩盘风险 [J]. 管理世界，2016，270（3）：144-159.

[27] 林崇德，姜璐，王德胜. 中国成人教育百科全书.（4）：经济·管理 [M]. 海口：南海出版公司，1994.

[28] 林乐，郑登津. 退市监管与股价崩盘风险 [J]. 中国工业经济，2016（12）：58-74.

[29] 刘宝华，罗宏，周微，杨行. 社会信任与股价崩盘风险 [J]. 财贸经济，2016（9）：53-66.

[30] 刘春，孙亮. 税收征管能降低股价暴跌风险吗？[J]. 金融研究，2015（8）：159-174.

[31] 刘力. 信念、偏好与行为金融学 [M]. 北京：北京大学出版社，2007.

[32] 陆智强，李红玉. 监督强度、决策效率与董事会规模——来自中国上市公司的经验证据 [J]. 上海经济研究，2012，24（11）：34-44.

[33] 罗进辉，杜兴强. 媒体报道、制度环境与股价崩盘风险 [J]. 会计研究，2014（9）：53-59.

[34] 马可哪呐，唐凯桃，郝莉莉. 社会审计监管与资本市场风险防范研究——基于股价崩盘风险的视角 [J]. 山西财经大学学报，2016，38（8）：25-34.

[35] 任兵，魏立群，周思贤. 高层管理团队多样性与组织创新：外部社会网络与内部决策模式的作用 [J]. 管理学报，2011，8（11）：1630-1637.

［36］沈华玉，吴晓晖．上市公司违规行为会提升股价崩盘风险吗？［J］．山西财经大学学报，2017，39（1）：83-94.

［37］施先旺，胡沁，徐芳婷．市场化进程、会计信息质量与股价崩盘风险［J］．中南财经政法大学学报，2014（4）：80-87.

［38］孙铮，姜秀华，任强．治理结构与公司业绩的相关性研究［J］．财经研究，2001，27（4）：3-11.

［39］田昆儒，孙瑜．非效率投资、审计监督与股价崩盘风险［J］．审计与经济研究，2015，30（2）：43-51.

［40］佟孟华，艾永芳，孙光林．公司战略、大股东持股以及股价崩盘风险［J］．当代经济管理，2017（10）：73-80.

［41］万东灿．审计收费与股价崩盘风险［J］．审计研究，2015（6）：85-93.

［42］汪健，曲晓辉．关联交易、资本结构与盈余管理——基于 A 股上市公司的经验证据［J］．山西财经大学学报，2014（12）：120-133.

［43］王化成，曹丰，高升好，等．投资者保护与股价崩盘风险［J］．财贸经济，2014，35（10）：73-82.

［44］王化成，曹丰，叶康涛．监督还是掏空：大股东持股比例与股价崩盘风险［J］．管理世界，2015（2）：45-57.

［45］王文姣，傅超，傅代国．并购商誉是否为股价崩盘的事前信号？——基于会计功能和金融安全视角［J］．财经研究，2017，43（9）：76-87.

［46］温忠麟，叶宝娟．中介效应分析：方法和模型发展［J］．心理科学进展，2014，22（5）：731-745.

［47］温忠麟．张雷，侯杰泰，刘红云．中介效应检验程序及其应用［J］．心理学报，2004（5）：614-620.

［48］吴德军．外资持股对上市公司股价崩盘风险的影响研究［J］．

国际商务，2015（3）：55-65.

［49］吴克平，黎来芳．审计师声誉影响股价崩盘风险吗——基于中国资本市场的经验证据［J］．山西财经大学学报，2016，38（9）：101-113.

［50］肖土盛，宋顺林，李路．信息披露质量与股价崩盘风险：分析师预测的中介作用［J］．财经研究，2017，43（2）：110-121.

［51］谢盛纹，蒋煦涵，闫焕民．高质量审计、管理层权力与代理成本［J］．当代财经，2015（3）：109-118.

［52］谢盛纹，廖佳．财务重述、管理层权力与股价崩盘风险：来自中国证券市场的经验证据［J］．财经理论与实践，2017，38（1）：80-87.

［53］徐晓东，陈小悦．第一大股东对公司治理、企业业绩的影响分析［J］．经济研究，2003（2）：64-74.

［54］叶康涛，曹丰，王化成．内部控制信息披露能够降低股价崩盘风险吗？［J］．金融研究，2015（2）：192-206.

［55］叶康涛，刘行．公司避税活动与内部代理成本［J］．金融研究，2014（9）：158-176.

［56］余明桂，夏新平，邹振松．管理者过度自信与企业激进负债行为［J］．管理世界，2006（8）：104-112.

［57］周冬华，赖升东．上市公司现金流操控行为会加剧股价崩盘风险吗？［J］．山西财经大学学报，2016，38（2）：100-111.

［58］周新军．企业管理与公司治理：边界确定及实践意义［J］．中南财经政法大学学报，2007（5）：107-112.

［59］朱滔．董事薪酬、CEO 薪酬与公司未来业绩：监督还是合谋？［J］．会计研究，2015（8）：49-56.

［60］祝继高，王春飞．大股东能有效控制管理层吗？——基于国美电器控制权争夺的案例研究［J］．管理世界，2012（4）：138-152.

［61］Adams R.，Almeida H.，Ferreira D. Powerful CEOs and Their Impact on Corporate Performance [J]. Review of Financial Studies, 2005, 180 (4): 1403-1432.

[62] Alicke M. D. Govorun O.. The Better Than Average Effect [M]. The Self in Social Judgement, 2005: 85-106.

[63] Amihud Y., Lev B.. Risk Reduction as a Managerial Motive for Conglomerate Mergers [J]. Bell Journal of Economics, 1981, 12 (2): 605-617.

[64] An H., Zhang T.. Stock Price Synchronicity, Crash Risk, and Institutional Investors [J]. Journal of Corporate Finance, 2013, 21 (1): 1-15.

[65] Ancona D. G., Caldwell D. F.. Bridging the Boundary: External Activity and Performance in Organizational Teams [J]. Administrative Science Quarterly, 1992, 37 (4): 634-665.

[66] Ang J. S., Cole R. A., Lin J. W. Agency Costs and Ownership Structure [J]. The Journal of Finance, 2000, 55 (1): 81-106.

[67] Bai C. E., Liu Q., Lu J, et al. Corporate Governance and Market Valuation in China [J]. Journal of Comparative Economics, 2004, 32 (4): 599-616.

[68] Baldenius T., Melumad N., Meng X.. Board Composition and CEO Power [J]. Journal of Financial Economics, 2014, 112 (1): 53-68.

[69] Bantel K. A., Jackson S. E.. Top Management and Innovations in Banking: Does the Composition of the Top Team Make a Difference? [J]. Strategic Management Journal, 1989, 10 (S1): 107-124.

[70] Baron R., Kenny D.. The Moderator-mediator Variable Distinction in Social Psychological Research: Conceptual, Strategic, and Statistical Considerations [J]. Journal of Personality and Social Psychology, 1986, 51 (6): 1173-1182.

[71] Becker C. L., Defond M. L., Jiambalvo J. et al. The Effect of Audit Quality on Earnings Management [J]. Contemporary Accounting Research, 1998, 15 (1): 1-24.

[72] Bekaert G. , Wu G. . Asymmetric Volatility and Risk in Equity Markets [J]. The Review of Financial Studies, 2000, 13 (1): 1-42.

[73] Bergstresser D. , Philippon T. . CEO Incentives and Earnings Management [J]. Journal of Financial Economics, 2006, 80 (3): 511-529.

[74] Black B. , Cheffins B, Klausner M. . Outside Director Liability [J]. Stanford Law Review, 2006, 58 (4): 1055-1159.

[75] Black F. Noise [J]. Journal of Finance, 1986, 41 (3): 529-543.

[76] Bleck A. , Liu X. . Market Transparency and the Accounting Regime [J]. Journal of Accounting Research, 2007, 45 (2): 229-256.

[77] Brewer M. B. . The Importance of Being We: Human Nature and Intergroup Relations [J]. American Psychologist, 2007, 62 (8): 728-738.

[78] Brick I. E. , Palmon O. , Wald J. K. . CEO Compensation, Director Compensation, and Firm Performance: Evidence of Cronyism? [J]. Journal of Corporate Financel, 2006, 12 (3): 403-423.

[79] Brickley J. A. , James C. M. . The Takeover Market, Corporate Board Composition, and Ownership Structure: The Case of Banking [J]. Journal of Law & Economics, 1987, 30 (1): 161-180.

[80] Brooks C. , Katsaris A. . A Three-Regime Model of Speculative Behaviour: Modelling the Evolution of the S&P 500 Composite Index [J]. Economic Journal, 2005, 115 (505): 767-797.

[81] Callen J. L. , Fang X. . Religion and Stock Price Crash Risk [J]. Journal of Financial & Quantitative Analysis, 2015, 50 (1-2): 169-195.

[82] Campbell R. . Harvey, Akhtar Siddique. Autoregressive Conditional Skewness [J]. Journal of Financial \ Squantitative Analysis, 19.

[83] Cao H. H. , Coval J. D. , Hirshleifer D. . Sidelined Investors, Trading-Generated News, and Security Returns [J]. Social Science Electronic

Publishing, 2002, 15 (2): 615-648.

[84] Carpenter M. A.. The Implications of Strategy and Social Context for the Relationship Between Top Management Team Heterogeneity and Firm Performance [J] Strategic Management Journal, 2002, 23 (3): 275-284.

[85] Certo S. T., Lester R. H., Dalton C. M., Dan R. D.. Top Management Teams, Strategy and Financial Performance: a Meta-analytic Examination [J]. Journal of Management Studies, 2006, 43 (4): 813-839.

[86] Chava S., Purnanandam A.. Ceos Versus Cfos: Incentives and Corporate Policies [J]. Journal of Financial Economics, 2010, 97 (2): 263-278.

[87] Chen J., Hong H., Stein J. C. Forecasting Crashes: Trading Volume, Past Returns, and Conditional Skewness in Stock Prices [J]. Journal of Financial Economics, 2001, 61 (3): 345-381.

[88] Cheng Q., Lo K.. Insider Trading and Voluntary Disclosures [J]. Journal of Accounting Research, 2006, 44 (5): 815-848.

[89] Claessens S., Djankov S., Lang L. H. P. The Separation of Ownership and Control in East Asian Corporations [J]. Journal of Financial Economics, 2000, 58 (1-2): 81-112.

[90] Cummings A., Zhou J., Oldham G. R.. Demographic Differences and Employee Work Outcomes: Effects on Multiple Comparison Groups [C]. Meeting of the Academy of Management, 1993.

[91] Cutler D. M., Poterba J M, Summers L. H.. What Moves Stock Prices? [J]. Social Science Electronic Publishing, 1988, 15 (487): 4-12.

[92] Cyert R M, March J. G.. A Behavioral Theory of the Firm, [A]. A Behavioral Theory of the Firm [C]. Prentice-Hall, 1963: 93-107.

[93] Dan R. D., Hitt M. A.. The Fundamental Agency Problem and Its Mitigation [J]. Academy of Management Annals, 2007, 1 (1): 1-64.

[94] Daniel K., Titman S.. Evidence on the Characteristics of Cross Sectional Variation in Stock Returns [J]. Nber Working Papers, 1997, 52 (1): 1-33.

[95] David P. MacKinnon, Chondra M. Lockwood, Jason Williams. Confidence Limits for the Indirect Effect: Distribution of the Product and Resampling Methods [J]. Multivariate Behavioral Research, 2004, 39 (1): 99-128.

[96] DeFond M. L., Hung M., Li S., Li Y. Does Mandatory IFRS Adoption Affect Crash Risk? [J]. The Accounting Review, 2015, 90 (1): 265-299.

[97] Dimson E.. Risk Measurement When Shares are Subject to Infrequent rading [J]. Journal of Financial Economics, 1979, 7 (2): 197-226.

[98] Eisenhardt K. M., Schoonhoven C. B.. Organizational Growth: Linking Founding Team, Strategy, Environment, and Growth Among U. S. Semiconductor Ventures, 1978-1988 [J]. Administrative Science Quarterly, 1990, 35 (3): 504-529.

[99] Essid W.. Executive Stock Options and Earnings Management: Is There an Option Level Dependence? [J]. Corporate Governance International Journal of Business in Society, 2012, 12 (1): 54-70.

[100] Fama E. F., Jensen M. C.. Separation of Ownership and Control [J]. Journal of Law & Economics, 1983, 26 (2): 301-325.

[101] Feng M., Ge W., Luo S., Shevlin T.. Why do Cfos Become Involved in Material Accounting Manipulations? [J] Journal of Accounting & Economics, 2010, 51 (1-2): 21-36.

[102] Finkelstein S., Hambrick D. C. Top-Management-Team Tenure and Organizational Outcomes: The Moderating Role of Managerial Discretion [J]. Administrative Science Quarterly, 1990, 35 (3): 484-503.

[103] Finkelstein S.. Power in Top Management Teams: Dimensions,

Measurement, and Validation [J]. Academy of Management Journal, 1992, 35 (3): 505-538.

[104] Florackis C., Ozkan A.. The Impact of Managerial Entrenchment on Agency Costs: An Empirical Investigation Using UK Panel Data [J]. European Financial Management, 2009, 15 (3): 497-528.

[105] Francis J., Huang A. H., Rajgopal S., Zang A. Y.. Ceo Reputation and Earnings Quality [J]. Contemporary Accounting Research, 2008, 25 (1): 109-147.

[106] French K. R., Schwert G. W., Stambaugh R. F.. Expected Stock Returns and Volatility [J] Journal of Financial Economics, 1987, 19 (1): 3-29.

[107] French K. R., Roll R.. Stock Return Variances [J]. Journal of Financial Economics, 1986, 17 (1): 5-26.

[108] Fritz M. S, Mackinnon D. P.. Required Sample Size to Detect the Mediated Effect [J]. Psychological Science, 2007, 18 (3): 233.

[109] Geiger M. A., North D. S.. Does Hiring a New CFO Change Things? An Investigation of Changes in Discretionary Accruals [J]. Accounting Review, 2006, 81 (4): 781-809.

[110] Gennotte G., Leland H.. Market Liquidity, Hedging, and Crashes [J]. American Economic Review, 1990, 80 (5): 999-1021.

[111] Graham J. R., Harvey C. R., Puri M.. Managerial Attitudes and Corporate Actions [J]. Journal of Financial Economics, 2013, 109 (1): 103-121.

[112] Graham J. R., Harvey C. R., Rajgopal S. The Economic Implications of Corporate Financial Reporting [J]. Journal of Accounting & Economics, 2005, 40 (1-3): 3-73.

[113] Griffin J. M., Nardari F, Stulz R M. Stock Market Trading and Market Conditions [R]. Nber Working Papers, 2004.

[114] Grimm C. M., Smith K. G.. Management and Organizational Change: A Note on the Railroad Industry [J]. Strategic Management Journal, 2010, 12 (7): 557-562.

[115] Grossman S. J., Hart O. D.. Take-Over Bids, the Free Rider Problem, and the Theory of the Corporation [J]. Bell Journal of Economics, 1980, 11 (1): 42-64.

[116] Hambrick D. C., Mason P A. Upper Echelons: The Organization as a Reflection of Its Top Managers [J]. Social Science Electronic Publishing, 1984, 9 (2): 193-206.

[117] Hambrick D. C., Chen M. J. The Influence of Top Management Team Heterogeneity on Firms Competitive Moves [J]. Administrative Science Quarterly, 1996, 41 (4): 659-684.

[118] Heaton J. B.. Managerial Optimism and Corporate Finance [J]. Financial Management, 2002, 31 (2): 33-45.

[119] Hermalin B. E.. The Effects of Competition on Executive Behavior [J]. Rand Journal of Economics, 1992, 23 (3): 350-365.

[120] Hoffman L. R., Maier N. R.. Quality and Acceptance of Problem Solutions by Members of Homogeneous and Heterogeneous Groups [J]. Journal of Abnormal & Social Psychology, 1961, 62 (2): 401-407.

[121] Hogg M. A., Williamsb K D. From I to We: Social Identity and the Collective Self [J]. Group Dynamics Theory Research & Practice, 2000, 4 (1): 81-97.

[122] Hong H., Stein J. C.. Differences of Opinion, Short-Sales Constraints, and Market Crashes [J]. Review of Financial Studies, 2003, 16 (2): 487-525.

[123] Hueng C. J., Mcdonald J. B.. Forecasting Asymmetries in

Aggregate Stock Market Returns: Evidence from Conditional Skewness [J]. Journal of Empirical Finance, 2005, 12 (5): 666-685.

[124] Hutton A. P., Marcus A. J.. Tehranian H., OPAQUE Financial Reports, R2, and Crash Risk [J]. Journal of Financial Economics, 2009, 94 (1): 67-86.

[125] Jackson S. E., Brett J. F, Sessa V I, Cooper D M, Julin J A, Peyronnin K. Some Differences Make a Difference: Individual Dissimilarity and Group Heterogeneity as Correlates of Recruitment, Promotions, and Turnover [J]. Journal of Applied Psychology, 1991, 76 (5): 675-689.

[126] Jensen M. C., Meckling W. H. The Theory of the Firm: Managerial Behavior, Agency Costs and Ownership Structure [J]. Journal of Financial Economic Policy, 1976, 3 (4): 305-360.

[127] Jensen M. C.. Agency Costs of Free Cash Flow, Corporate Finance, and Takeovers [J]. American Economic Review, 1986, 76 (2): 323-329

[128] Jensen M. C.. The Modern Industrial Revolution, Exit, and the Failure of Internal Control Systems [J]. Journal of Applied Corporate Finance, 1993, 48 (3): 831-880.

[129] Jiang F., Kim K. A.. Corporate Governance in China: A Modern Perspective [J]. Journal of Corporate Finance, 2015, 32 (3): 190-216.

[130] Jiang G., Lee C M C, Yue H. Tunneling Through Intercorporate Loans: The China Experience [J]. Journal of Financial Economics, 2010, 98 (1): 1-20.

[131] Jiang J., Petroni K. R., Wang I. Y.. CFOS and CEOS: Who Have the Most Influence on Earnings Management? [J]. Journal of Financial Economics, 2010, 96 (3): 513-526.

[132] Jin L., Myers S. C.. R2 Around the World: New Theory and New

Tests [J]. Journal of Financial Economics, 2006, 79 (2): 257-292.

[133] Johnson S., Porta R. L., Shleifer A. Tunneling [J]. American Economic Review, 2000, 90 (2): 22-27.

[134] Katz R. The Effects of Group Longevity on Project Communication and Performance [J]. Administrative Science Quarterly, 1982, 27 (1): 443-447.

[135] Khan M., Watts R. L.. Estimation and Empirical Properties of a Firm-year Measure of Accounting Conservatism [J]. Journal of Accounting & Economics, 2009, 48 (2-3): 132-150.

[136] Kim J. B., Li Y, Zhang L. CFOs Versus CEOs: Equity Incentives and Crashes [J]. Journal of Financial Economics, 2011a, 101 (3): 713-730.

[137] Kim J. B., Li Y, Zhang L. Corporate Tax Avoidance and Stock Price Crash Risk: Firm-level Analysis [J]. Social Science Electronic Publishing, 2011, 100 (3): 639-662.

[138] Kim J. B., Wang Z, Zhang L. CEO Overconfidence and Stock Price Crash Risk [J]. Contemporary Accounting Research, 2016, 33: 1720-1749.

[139] Kim J. B., Zhang L. Accounting Conservatism and Stock Price Crash Risk: Firm-level Evidence [J]. Contemporary Accounting Research, 2016, 33 (1): 412-441.

[140] Kim J. B., Li Y., Zhang L. Corporate Tax Avoidance and Stock Price Crash Risk: Firm-Level Analysis [J]. Journal of Financial Economics, 2011a, 100 (3): 639- 662.

[141] Kothari S. P., Shu S., Wysocki P D. Do Managers With Hold Bad News? [J]. Journal of Accounting Research, 2009, 47 (1): 241-276.

[142] Lee I. H.. Market Crashes and Informational Avalanches [J]. Review of Economic Studies, 1998, 65 (4): 741-759.

[143] Lipton M., Lorsch J. W.. A Modest Proposal for Improved

Corporate Governance [J]. Business Lawyer, 1992, 48 (1): 59-77.

[144] Liu Y, Miletkov M. K., Wei Z, Yang T. Board Independence and Firm Performance in China [J] . Journal of Corporate Finance, 2015 (30) 223-244.

[145] Mackinnon D. P.. Introduction to Statistical Mediation Analysis. McGraw-Hill, 1983.

[146] MacKinnon D. P, Lockwood CM, Hoffman JM, et al. A Comparison of Methods to Test Mediation and Other Intervening Variable Effects [J]. Psychological Methods, 2002, 7 (1): 83-104.

[147] Malmendier U., Tate G., Yan J. Overconfidence and Early Life Experiences: The Effect of Managerial Traits on Corporate Financial Policies [J]. Journal of Finance, 2011, 66 (5): 1687-1733.

[148] Malmendier U., Tate G.. CEO Overconfidence and Corporate Investment [J]. Journal of Finance, 2005, 60 (6): 2661-2700.

[149] Malmendier U., Tate G.. Does Overconfidence Affect Corporate Investment? CEO Overconfidence Measures Revisited [J]. European Financial Management, 2005, 11 (5): 649-659.

[150] March J. G., Simon H. A.. Organizations [J]. Social Science Electronic Publishing, 1958, 2 (1): 105-132.

[151] Marin J. M., Olivier J. P.. The Dog That Did Not Bark: Insider Trading and Crashes [J]. Economics Working Papers, 2008, 63 (5): 2429-2476.

[152] Markowitz H. Portfolio Selectilon [J]. Journal of Finance, 1952, 7 (1): 77-91.

[153] Moore D. A., Healy P J. The Trouble with Overconfidence [J]. Psychological Review, 2008, 115 (2): 502-517.

[154] Morck R., Shleifer A., Vishny R W. Alternative Mechanisms for Corporate Control [J]. American Economic Review, 1989, 79 (4): 842-852.

［155］ O' Reilly C. A. , Sylvia F. F. . Executive Team Demography, Organizational Innovation and Firm Performance ［C］. The Academy of Management Meeting, Washington, DC. 1989.

［156］ O' Reilly C. A. , Snyder R. C. , Boothe J. N. . Executive Team Demography and Organizational Change ［A］ . Organizational Change and Redesign: Ideas and Insights for Improving Performance George ［C］. Eds. by Huber G. P. , William, H. G. , Published by Oxford University New York, 1993.

［157］ Oliver B. R. . The Impact of Management Confidence on Capital Structure. Working Paper Series in Finance, Australian National University, 2005.

［158］ Oyer P. . The Making of an Investment Banker: Stock Market Shocks, Career Choice, and Lifetime Income ［J］. Journal of Finance, 2008, 63 (6): 2601-2628.

［159］ Pfeffer J. Power in Organizations ［M］. Cambridge, MA: Ballinger Publishing Company, 1981.

［160］ Pfeffer J. Organizational Demography ［J］. Research in Organizational Behavior, 1983, 5: 299-357.

［161］ Pindyck R. S. . Risk, Inflation, and the Stock Market ［J］. American Economic Review, 1984, 74 (3): 335-351.

［162］ Piotroski J. D. , Wong T. J. , Zhang T. Political Incentives to Suppress Negative Information: Evidence From Chinese Listed Firms ［J］. Journal of Accounting Research, 2015, 53 (2): 405-459.

［163］ Porta R. L. , Lopez-De-Silanes F, Shleifer A. Corporate Ownership Around the World ［J］. Journal of Finance, 1999, 54 (2): 471-517.

［164］ Romer D. Rational Asset-Price Movements Without News ［J］. American Economic Review, 1993, 83 (5): 1112-1130.

[165] Schwert G. W.. Why Does Stock Market Volatility Change Over Time? [J]. Journal of Finance, 1989, 44 (5): 1115-1153.

[166] Shleifer A., Vishny R. W.. A Survey of Corporate Governance [J]. Journal of Finance, 1997, 52 (2): 737-783.

[167] Shleifer A., Vishny R. W.. Large Shareholders and Corporate Control [J]. Harvard University Department of Economics, 1986, 94 (3): 461-488.

[168] Smith K. G., Smith K. A., Olian J D, et al. Top Management Team Demography and Process: The Role of Social Integration and Communication [J]. Administrative Science Quarterly, 1994, 39 (3): 412-438.

[169] Sobel M. E.. Asymptotic Confidence Intervals for Indirect Effects in Structural Equation Models [J]. Sociological Methodology, 1982, 13 (13): 290-312.

[170] Stigler G. J.. The Economies of Scale [J]. Journal of Law & Economics, 1958, 1 (1): 54-71.

[171] Tajfel H. Differentiation Between Social Groups : Studies in the Social Psychology of Intergroup Relations [A] . Differentiation Between Social Groups: Studies in the Social Psychology of Intergroup Relations [C] . Academic Press, 1978.

[172] Taylor S. E., Brown J. D.. Illusion and Well-Being: A Social Psychological Perspective on Mental Health [J]. Psychological Bulletin, 1988, 103 (2): 193-210.

[173] Taylor S. E., Gollwitzer P M. Effects of Mindset on Positive Illusions [J]. Journal of Personality & Social Psychology, 1995, 69 (2): 213-326.

[174] Tirole J. Hierarchies and Bureaucracies: on the Role of Collusion in

Organization [J]. Journal of Law Economics & Organization, 1986, 2 (2): 181-214.

[175] Tsui A. S., Porter L. W. and Egan T. D. When Both Similarities and Dissimilarities Matter: Extending the Concept of Relational Demography [J]. Human Relations, 2002, 55 (8): 899-929.

[176] Verrecchia R. E.. Essays on Disclosure [J]. Journal of Accounting & Economics, 2001, 32 (1-3): 97-180.

[177] Virany B., Tushman M. L., Romanelli E. Executive Succession and Organization Outcomes in Turbulent Environments: An Organization Learning Approach [J]. Organization Science, 1992, 3 (1): 72-91.

[178] Wagner W. G., Pfeffer J, O' Reilly C. A.. Organizational Demography and Turnover in Top-Management Group [J]. Administrative Science Quarterly, 1984, 29 (1): 74-92.

[179] Watson W. E., Kumar K., Michaelsen L. K.. Cultural Diversity' s Impact on Interaction Process and Performance: Comparing Homogeneous and Diverse Task Groups [J]. Academy of Management Journal, 1993, 36 (3): 590-602.

[180] Weinstein N. D.. Unrealistic Optimism About Future Life Events [J]. Journal of Personality & Social Psychology, 1980, 39 (5): 806-820.

[181] Wiersema M. F., Bantel K. A.. Top Management Team Demography and Corporate Strategic Change [J]. Academy of Management Journal, 1992, 35 (1): 91-121.

[182] Xu N., Li X., Yuan Q., Chan K. C. Excess Perks and Stock Price Crash Risk: Evidence from China [J]. Journal of Corporate Finance, 2014, 25 (2): 419-434.

[183] Xu. Price Convexity and Skewness [J]. Journal of Finance, 2007, 62 (5): 2521-2552.

[184] Yuan K. Asymmetric Price Movements and Borrowing Constraints: A Rational Expectations Equilibrium Model of Crises, Contagion, and Confusion [J]. Journal of Finance, 2005, 60 (1): 379-411.

[185] Yun W. P., Shin H. H.. Board Composition and Earning Management in Canada [J]. Journal of Corporate Finance, 2004, 10 (3): 431-457.

[186] Zald M N. The Power and Functions of Boards of Directors: A Theoretical Synthesis [J]. American Journal of Sociology, 1969, 75 (1): 97-111.

[187] Zenger T. R., Lawrence B. S.. Organizational Demography: the Differential Effects of Age and Tenure Distributions on Technical Communication [J]. Academy of Management Journal, 1989, 32 (3): 353-376.

索 引

后　记

本书是在我的博士学位论文基础上修订而成的，回忆读博的这三年时光，竟像只过了一天一样，几乎每天都重复着“家—东财图书馆”这样两点一线的单调生活。在这三年里，我不是在看文献就是在写论文。最使我陶醉的事，是读文献；最使我兴奋的事，是论文被录用；最使我郁闷的事，是收到退稿邮件。多少次悲观到怀疑人生，但从未放弃，这可能是个性使然。

博士学业的顺利完成，自然少不了周围人的支持与帮助。这些人值得我用一生去感恩。

衷心感谢我的恩师佟孟华教授。没有她的指引，我便无法踏上学术研究的道路。对于我的每一篇学术成果，她都倾注了大量的心血。当我无比悲观时，她总能鼓励我继续前行。当我取得些许成就时，她比我还高兴。她对我的教育与帮助，使我深刻领悟了“一日为师，终身为父”的真谛。

感谢东北财经大学的王维国教授、齐鹰飞教授、王雪标教授、陈磊教授、王庆石教授以及陈飞教授，他们精彩的课堂讲授使我深受启迪，同时，感谢他们对我的论文提出的宝贵意见。

感谢金钊博士，他渊博的学识和独到的见解，大大拓展了我的思路，使我受益良多。感谢孙光林博士，没有他的鼓励与帮助，我很难如此顺利地完成学业。感谢王晰博士，她默默地付出，使包括我在内的所有同学在求学路上免去了琐事的牵绊。同时，也感谢我的同门，邢秉坤博士、汤佳慧博士、于建玲博士以及张国建博士。

最后，我要感谢我的父母、岳父岳母、妻子孔涛老师以及我最可爱的宝贝女儿艾奕彤小朋友。感谢他们对于我在精神和经济上的支持，正是他们无私的爱和包容才使我得以顺利完成学业，未来我将以全部的挚爱和陪伴予以回报。

学业的终点意味着事业的起点，怀揣感恩的心，我将开启新的征程，誓以最勤奋的努力和最优异的成绩报答那些关爱我的人。

艾永芳

2018 年 11 月 15 日